HISTOIRE
DE
FRANCE

Histoire de France

La Renaissance

TROIS-CONTINENTS

Une production TROIS-CONTINENTS.
L'ensemble des documents publiés dans cet ouvrage provient des archives
appartenant à EDITA S.A., Office du Livre, Compagnie du Livre d'Art, C.L.A.

ISBN : 2-8264-0152-1
EAN : 9782826401520

Sommaire

Le feu Roy françois premier

LA BOURGOGNE DE PHILIPPE LE BON

Ce jeune duc de vingt-trois ans régna plus tôt qu'il ne l'avait espéré. Vêtu de noir, « droit comme un jonc », la démarche lente, calme, silencieux, n'ayant jamais « nul vuide en sa parole », d'une simplicité familière qui écartait tout irrespect, il « estoit léal comme or fin purgé ».

Sa grande politique, menée par des serviteurs « saiges et loyaulx », dépasse l'histoire du duché. Dès son avènement, il rompt avec le dauphin Charles en négociant le traité de Troyes qui promet la couronne de Charles VI au roi d'Angleterre Henri V. Voulait-il venger son père, ruiner la France pour grandir son propre Etat, ou au contraire, en favorisant le péril anglais, rendre nécessaire et profitable à sa maison la reprise de l'alliance franco-bourguignonne ? Quoi qu'il en soit, les conséquences du traité se développent : les Bourguignons combattent les Français et livrent Jeanne d'Arc aux Anglais.

Pendant ce temps, Philippe le Bon reprend avec égoïsme l'œuvre ducale interrompue. En février 1422, il fait une entrée solennelle à Dijon, prête serment à Saint-Bénigne, reçoit l'hommage de ses vassaux, réorganise son conseil. Le jour vient où il peut, lui aussi, arrondir le domaine, gagner le Mâconnais, l'Auxerrois, le pays de Bar, et obtenir dispense de faire hommage au roi, concession viagère, mais peut-être étape vers la disparition complète du lien féodal : tels sont les gains de la paix d'Arras, qui renoue l'entente du duc avec Charles VII (1435).

La guerre de Cent ans s'achève ; les seigneurs bourguignons mettent fin aux terribles ravages des Ecorcheurs. Avec ses vastes possessions étendues peu à peu, de la Picardie au Zuyderzée, et de la Loire au Jura suisse, Philippe le Bon est devenu le « grand duc d'Occident », « duc par la grâce de Dieu ». On s'agenouille devant son

Philippe le Bon
reçoit
un exemplaire
des *Chroniques*
du Hainaut.
Flandre, 1448.

LA BOURGOGNE DE PHILIPPE LE BON

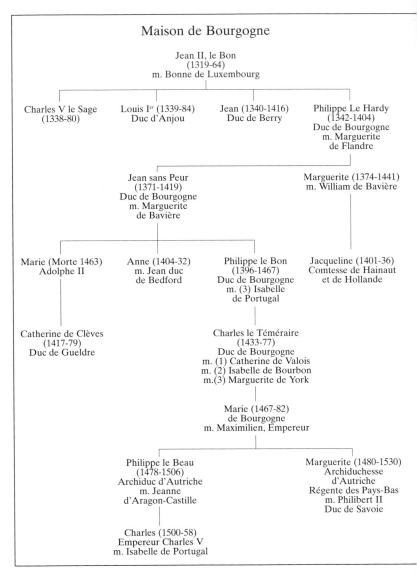

Maison de Bourgogne

Jean II, le Bon
(1319-64)
m. Bonne de Luxembourg

Charles V le Sage
(1338-80)

Louis Iᵉʳ (1339-84)
Duc d'Anjou

Jean (1340-1416)
Duc de Berry

Philippe Le Hardy
(1342-1404)
Duc de Bourgogne
m. Marguerite
de Flandre

Jean sans Peur
(1371-1419)
Duc de Bourgogne
m. Marguerite
de Bavière

Marguerite (1374-1441)
m. William de Bavière

Marie (Morte 1463)
Adolphe II

Anne (1404-32)
m. Jean duc
de Bedford

Philippe le Bon
(1396-1467)
Duc de Bourgogne
m. (3) Isabelle
de Portugal

Jacqueline (1401-36)
Comtesse de Hainaut
et de Hollande

Catherine de Clèves
(1417-79)
Duc de Gueldre

Charles le Téméraire
(1433-77)
Duc de Bourgogne
m. (1) Catherine de Valois
m. (2) Isabelle de Bourbon
m.(3) Marguerite de York

Marie (1467-82)
de Bourgogne
m. Maximilien, Empereur

Philippe le Beau
(1478-1506)
Archiduc d'Autriche
m. Jeanne
d'Aragon-Castille

Marguerite (1480-1530)
Archiduchesse
d'Autriche
Régente des Pays-Bas
m. Philibert II
Duc de Savoie

Charles (1500-58)
Empereur Charles V
m. Isabelle de Portugal

Ci-contre :
Charles le
Téméraire.

Ci-contre :
Jean sans Peur.
Dessin Ecole
française XVIIe s.
Bibl. de Dijon.

LA BOURGOGNE DE PHILIPPE LE BON

trône. Les grands, clercs ou laïques, recherchent
sa protection, ses grâces, le luxe de sa cour ; les
pas d'armes, les festins rassemblent la noblesse ;
tout gentilhomme rêve de pénétrer dans l'ordre
de la Toison d'Or. La paix d'Arras répare les
ruines des campagnes ; les villages de la Côte
renaissent à l'appel de la Flandre qui achète les
vins. Les villes s'animent. Dijon semble doubler et
passer à 13 000 âmes ; une ordonnance de 1463
efface les vieilles murailles du castrum ; l'enceinte
du XIIe siècle elle-même étouffe le monde des

*A gauche :
1384
Philippe Le
Hardi succède au
Comte Louis
de Maele.
Début de l'état
bourguignon.*

A droite :
Le Grand Bâtard
de Bourgogne.

métiers, du commerce, de la banque ; la banlieue se développe. La Bourgogne retrouve son privilège de passage entre le foyer lyonnais et la Champagne, étape vers les Flandres. Les foires de Châlon s'ouvrent au trafic international. Et tous ces progrès économiques s'accompagnent de la montée de la bourgeoisie qui se glisse déjà dans les charges des municipalités urbaines.

L'administration est tout empreinte de ces âges d'ordre et de monarchie. Cinq grands officiers entourent le duc : le maréchal de Bourgogne, l'amiral de Flandre, le chambellan, le grand écuyer et le chancelier, maître de la justice et de la politique générale, haute dignité qui fait pendant

LA BOURGOGNE DE PHILIPPE LE BON

A gauche :
Rassemblement
avant la chasse
au cerf en
Bourgogne *par
Gaston Phébus.
France, ers
1407.*

quarante ans la puissance de Nicolas Rolin. Les États deviennent annuels, le grand conseil stable et actif. Comme dans toute seigneurie, le duc veille à sa justice, moyen de conquête pacifique. Le Parlement de Beaune, dont les arrêts restent soumis à la juridiction de Paris, est surtout une cour d'appel des sentences des baillis et des prévôts. De plus en plus s'affirme la « coutume du

A droite :
Nicolas Rolin,
chancelier de
Bourgogne.
Dessin
à la sanguine.
Recueil d'Arras.

duché de Bourgogne » qui essaie d'unifier les vieux « usaiges » ; la formule apparaît dès Philippe le Hardi et Philippe le Bon lui donne autorité définitive dans la rédaction de 1459 ; le droit travaille à l'unité des pays bourguignons et à la puissance ducale. Savamment hiérarchisée et spécialisée, l'administration financière reçoit un soin que justifient les énormes dépenses de la cour ; un réseau de « receveurs » dépend du « receveur de toutes les finances » ; un « trésorier-gouverneur » surveille la comptabilité ; à Dijon, une chambre des comptes, – une création de Philippe le Hardi –, à la fois organe de contrôle fiscal et de gestion du domaine devient, sous Philippe le Bon, une institution modèle.

CHARLES VII, LE VICTORIEUX

CHARLES VII, fils et légitime successeur de Charles VI, ne fut d'abord reconnu roi que dans quelques provinces du Midi, pendant qu'Henri VI d'Angleterre était proclamé roi de France.

Charles VII montra d'abord peu d'énergie. Futile, insouciant, gouverné par d'indignes favoris, il s'adonnait au plaisir. Cependant la guerre était partout ; les Anglais victorieux à Cravant, à Verneuil, à Rouvray, vinrent mettre le siège devant Orléans (1428). La France allait être perdue, quand surgit un secours inattendu : Jeanne d'Arc vint s'offrir au roi Charles VII pour chasser les Anglais. Après quelques succès, Jeanne tombe au pouvoir des Anglais, mais elle a réveillé le patriotisme. Charles en profite et, secondé par l'argent de Jacques Cœur et l'artillerie de Jean Bureau, il termine glorieusement la guerre de *Cent Ans* par les victoires de Formigny et de Castillon (1453). Il ne restait plus que Calais aux Anglais.

Charles VII n'avait pas attendu l'expulsion des Anglais pour réorganiser l'administration de ses Etats ; il mit tous ses soins à refaire la prospérité publique ; il continua la politique financière de Charles V et établit l'impôt perpétuel ; il organisa les armées permanentes, donnant ainsi à la royauté les deux forces nécessaires pour venir à bout de tous les obstacles.

A gauche : Charles VII aux côtés de Jeanne d'Arc, au milieu de sa cour *(bibl. municipale de Rouen).*

A droite : Charles VII (1403-1461), roi de France. *Musée du Louvre, Paris.*

CHARLES VII, LE VICTORIEUX

Orléans assiégée
par les Anglais
*(miniature du
XVᵉ s., Paris,
Bibl. nat.).*

CHARLES VII, LE VICTORIEUX

LA PRISE D'ORLÉANS

Jeanne d'Arc, à la tête d'une petite armée et d'un convoi de vivres, s'était portée au secours d'Orléans qu'assiégeaient les Anglais.

Mais l'armée avait la Loire entre elle et la ville ; on ne pouvait entrer à Orléans que par eau, et le vent contraire retenait les bateaux préparés par les Orléanais. Le vent ayant tourné à l'ouest, les bateaux passèrent sans avaries sous le canon des bastides anglaises et Jeanne s'embarqua, avec le convoi, à quelque huit kilomètres au-dessus d'Orléans. Elle fit son entrée le soir dans Orléans, montée sur son cheval blanc, aux acclamations des gens de la ville.

Le 4 mai, certains des capitaines firent attaquer, à son insu, une des bastides anglaises, dite de Saint-Loup. L'assaut fut repoussé avec perte. Jeanne, réveillé en sursaut, courut là où l'on s'était battu et poussa droit à la bastide anglaise. Tout le monde, soldats et citoyens, la suivit d'une telle furie que le gros des troupes anglaises n'osa venir au secours de la bastide qui fut emportée d'assaut.

Le 6, Jeanne passa la Loire et s'empara de la bastide des Augustins. Les Anglais de la rive gauche se concentrèrent alors dans le boulevard du bout du pont et dans le fort des Tournelles.

Le lendemain, au point du jour, Jeanne assaillit le boulevard du bout du pont. Jeanne s'élança dans le fossé, planta une échelle contre le boulevard et y monta la première. Un trait d'arbalète la frappa au-dessus du sein et la rejeta dans le fossé. Le découragement s'empara de l'armée et déjà les chefs faisaient sonner la retraite. Tout à coup on revit Jeanne à cheval, galopant vers le boulevard.

CHARLES VII, LE VICTORIEUX

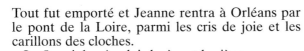

Tout fut emporté et Jeanne rentra à Orléans par
le pont de la Loire, parmi les cris de joie et les
carillons des cloches.

Le 8 mai, les Anglais levèrent le siège.

Ci-dessus :
Entrée de Jeanne
d'Arc à Orléans
le 8 mai 1429
(œuvre de Henry
Scheffer - 1843).

LES HOMMES DE CHARLES VII :

JEAN BUREAU ET SES CANONS

Les Anglais, chassés de la haute Seine, restaient postés sur la Marne, l'Oise et la basse Seine. L'effort qu'avait fait Charles VII semblait avoir déjà lassé et il était retourné bientôt sur la Loire. Le connétable de Richemont faisait de son mieux ; mais, voyant le roi se détacher de lui de plus en plus, il perdit un moment courage et résolut de s'en retourner dans ses terres du Poitou. Sur ces entrefaites, de bonnes nouvelles lui arrivèrent de la cour. Ses amis l'emportant définitivement dans le conseil, il fut informé que les grands projets qu'il avait formés allaient recevoir leur exécution et qu'on lui envoyait des soldats, de l'argent et des munitions pour assiéger Meaux, la principale place qu'eussent gardée les Anglais dans l'intérieur du royaume. Jacques Cœur avait fourni l'argent.

Jean Bureau arriva avec ses canons et le connétable et lui marchèrent sur Meaux. Jean Bureau

JACQUES CŒUR ET JEAN BUREAU

eut bientôt ouvert la brèche et la ville fut emportée d'assaut (12 août 1439). Une partie de la garnison se réfugia dans la forteresse appelée le Marché de Meaux.

Un corps d'armée anglais venu de Normandie, ne put reprendre la ville et fut bientôt contraint de se retirer par manque de vivres et par crainte des renforts amenés par le roi Charles VII. Le Marché de Meaux capitula le 13 septembre. Après ce premier succès, on prépara les moyens d'attaquer la Normandie pendant l'hiver.

JACQUES CŒUR était le fils d'un marchand pelletier de Bourges. Il fut d'abord associé au maître des monnaies à Bourges ; mais, ayant fait de mauvaises affaires, il se tourna vers le commerce. Il voyagea dans les pays de la Méditerranée et établit plusieurs comptoirs dans le Levant. Il acquit bientôt une fortune et une renommée considérables ; en quelques années, il disposa d'une marine marchande des plus importantes.

Il entra dans les affaires publiques et se fit nommer maître des monnaies à Paris. Charles VII l'appela dans son conseil et en fit son argentier, autrement dit son ministre des finances.

Jacques Cœur prêta plusieurs fois de grosses sommes au roi pour soutenir la lutte contre les Anglais. Il rétablit les finances par l'institution de l'impôt permanent, permit d'assurer la solde des troupes et facilita ainsi la constitution d'une armée permanente.

LES HOMMES DE CHARLES VII : JACQUES CŒUR ET JEAN BUREAU

A droite :
L'hôtel particulier
de Jacques Cœur
à Bourges.

Sa grande fortune, la faveur dont il jouissait auprès du roi lui suscitèrent de nombreux ennemis. Les favoris du roi, qui étaient tous ses obligés, le desservirent lâchement. Accusé de concussion, d'altération des monnaies et de haute trahison, il fut indignement condamné au bannissement et alla mourir à Chio en 1456. Sa mémoire fut réhabilitée par Louis XI.

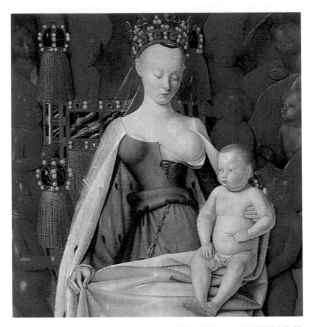

A gauche :
Agnès Sorel
peinte par
Jean Fouquet,
Anvers,
musée des Beaux-
Arts.

JACQUES CŒUR FAISANT AMENDE HONORABLE

Jacques Cœur, qui faisait du bien à tous et dont la devise était : « *A vaillans cuers, riens impossible* », ne se croyait menacé par personne. Presque tous les grands et les officiers du roi étaient ses obligés ; en réalité, ils ne lui pardonnaient pas ses bienfaits. La plupart se liguèrent contre lui, et Charles VII, qui avait déjà abandonné Jeanne d'Arc, montra son aptitude à la trahison.

Accusé d'avoir empoisonné Agnès Sorel, à l'instigation du Dauphin, Jacques Cœur fut arrêté ; ses biens furent mis sous la main du roi avant tout jugement, et une grande partie de ses terres et de ses maisons furent distribuées entre les conseillers. Cependant on ne put maintenir contre lui l'absurde imputation d'avoir assassiné

LES HOMMES DE CHARLES VII : JACQUES CŒUR ET JEAN BUREAU

*A droite :
Jacques Cœur
faisant amende
honorable.*

Agnès Sorel, son amie et son appui. Mais on ne lâcha ni Jacques Cœur ni ses biens. On l'accusa de concussion, d'exportation de métaux précieux et d'armes chez les infidèles, de crime de lèse-majesté et autres. Jacques Cœur n'obtint pas même un avocat et on l'empêcha de réunir ses moyens de défense. Le roi, par un arrêt rendu le 21 mai 1453, daigna faire grâce à Jacques Cœur de la peine de mort, mais tous ses biens étaient confisqués et il était banni du royaume à perpétuité. L'homme à qui la France devait en grande partie l'affranchissement du territoire fut forcé de faire amende honorable, à genoux, une torche à la main, en présence du peuple de Poitiers, stupéfait d'un tel spectacle.

LOUIS XI CONTRE CHARLES

LOUIS XI À PÉRONNE

Charles le Téméraire venait, avec le concours du roi d'Angleterre, de former contre la France une seconde ligue et, prenant l'offensive, de passer la Somme à Péronne. Il avait devant lui toutes les forces du roi en meilleur état que les siennes, et les chances, en cas de bataille, semblaient être pour les Français.

LE TÉMÉRAIRE

LOUIS XI, fils de Charles VII, naquit à Bourges en 1423.

Roi en 1461, il commença aussitôt sa lutte acharnée contre les grandes maisons féodales. Son plus redoutable adversaire fut Charles le Téméraire, duc de Bourgogne, contre lequel il dut lutter près de huit ans.

Lorsque ce dernier mourut (1477), Louis XI recueillit une part de la succession de Bourgogne (Bourgogne, Franche-Comté et Artois) ; il hérita ensuite de l'Anjou, du Maine et de la Provence. Il avait auparavant acheté le Roussillon. La frontière de France touchait désormais aux Alpes et aux Pyrénées. Il sut reconstituer l'unité territoriale de la France et, par une administration énergique, fonder solidement la puissance de la royauté. Il créa les postes, protégea le commerce et l'industrie, favorisa l'établissement de l'imprimerie à Paris.

Il mourut le 30 août 1483, dans son château de Plessis-lez-Tours.

LOUIS XI CONTRE CHARLES LE TÉMÉRAIRE

Mais Louis XI aimait mieux négocier que combattre. Les pourparlers par intermédiaires n'aboutissant pas, il imagina d'aller trouver le duc de Bourgogne à Péronne afin de régler de vive voix tous leurs différends. Sur la promesse de Charles qu'il pourrait venir et s'en retourner en toute sûreté, quoi qu'il pût advenir, Louis arriva à Péronne avec une petite escorte. Le duc Charles l'accueillit d'abord courtoisement et ils avaient commencé à traiter amiablement de leurs affaires, lorsque arriva la nouvelle du soulèvement de Liège, provoqué par les agents du roi.

Le duc fit sur-le-champ fermer et garder les portes de la ville et celles du château où était le roi, proférant d'épouvantables menaces contre Louis XI. Heureusement pour ce dernier, il se trouva là un homme prudent et sage, Philippe de Commynes, qui tâcha de calmer le duc. Les hésitations de ce dernier durèrent plusieurs jours ; enfin il consentit à écouter les propositions de Louis XI, qui offrait d'accepter toutes les clauses du traité de Saint-Maur. Le duc ajouta à ces conditions quelque chose de pire que tout le reste : c'était que le roi marcherait avec lui contre Liège.

Ci-dessus :
Jeanne Hachette
au siège de
Beauvais.

Louis accepta et dut se joindre à l'armée bourguignonne pour aller prendre part à la destruction d'un peuple qu'il venait lui-même de soulever contre la Bourgogne.

Le roi avait enfin recouvré sa liberté au prix de son honneur. Honteux, non pas d'avoir trahi et livré à la destruction ses alliés, mais d'avoir été pris pour dupe, Louis XI n'osa pas rentrer à Paris, de peur des moqueries des Parisiens qui avaient appris aux oiseaux parleurs le mot de : *Péronne !* *Péronne !* Il s'en retourna dans ses châteaux de la Loire.

CHARLES LE TÉMÉRAIRE, fils de Philippe le Bon, était né à Dijon en 1433. Devenu duc de Bourgogne en 1467, il épousa une sœur d'Edouard IV, roi d'Angleterre, forma contre la France une seconde coalition et imposa à Louis XI l'humiliant traité de Péronne. Louis XI ayant fait annuler ce traité par les états généraux de Tours, Charles conclut avec le duc de Guyenne et le roi d'Angleterre une troisième ligue. Il se jeta sur la Picardie, mais il échoua devant Beauvais où s'illustra Jeanne Hachette. Il échoua encore en Normandie.

Il s'empara de l'Alsace et de la Gueldre et enleva la Lorraine au duc René. Louis XI, pendant ce temps, négociait avec les Anglais et concluait avec eux la paix de Picquigny.

Charles dut de son côté signer une trêve. Il songeait alors à conquérir la Suisse. Il fut vaincu à Granson et à Morat. Cependant la Lorraine s'était soulevée.

Il voulut la reconquérir et fut tué devant Nancy (janvier 1477).

LOUIS XI CONTRE CHARLES LE TÉMÉRAIRE

MORT DE CHARLES LE TÉMÉRAIRE

La Lorraine s'était soulevée contre les Bourguignons. Déjà le duc René était rentré dans son duché et assiégeait Nancy, occupé par un petit corps de Bourguignons et de mercenaires anglais.

Charles le Téméraire rassembla quelques milliers d'hommes, et entreprit d'aller faire lever le siège de Nancy. Il était trop tard. Le duc René était entré, le 6 octobre, dans la capitale de son duché.

Charles continua sa route, pour tâcher de reprendre la ville. Le duc René, laissant ce qu'il avait de soldats devant Nancy, courut chercher les Suisses. Le 4 janvier 1477, il arriva à une dizaine de kilomètres de Nancy, à la tête de vingt mille combattants, Suisses, Alsaciens, Souabes, Lorrains et Français.

La ville et la garnison étaient à bout ; mais l'armée de Bourgogne, ruinée par le froid, la faim et les ripostes des assiégés, était encore plus épuisée. Le duc Charles n'eût pu sauver ce qui lui restait de soldats que par une prompte retraite ; mais il prétendit donner l'assaut ce soir-là et livrer bataille le lendemain.

L'assaut fut repoussé et le lendemain l'armée de René marcha sur les Bourguignons qui furent bien vite accablés ou dispersés. Le surlendemain de la bataille, on retrouva le corps du duc de Bourgogne, criblé de blessures, dans la vase glacée du ruisseau qui forme l'étang de Saint-Jean.

Miniature illustrant le siège de Nancy.

LOUIS XI CONTRE CHARLES LE TÉMÉRAIRE

LES DÉCOUVERTES MARITIMES

Dans les dernières années du quinzième siècle et au commencement du seizième, le monde s'agrandit pour les Européens. Ils découvrirent au sud dans l'océan Atlantique l'Afrique méridionale, à l'est les parties de l'Asie riveraines de l'Océan Indien, à l'ouest enfin un continent nouveau, l'Amérique. Ces découvertes furent surtout l'œuvre des Portugais et des Espagnols, et la gloire en revint principalement à Vasco de Gama pour l'Afrique et l'Asie, à Christophe Colomb pour l'Amérique. Elles eurent pour cause première le désir de trouver une route nouvelle vers les Indes, pays des marchandises précieuses. Elles furent rendues possibles par la connaissance de la boussole, les progrès de l'art de la navigation, l'éveil de la curiosité scientifique et géographique. Elles eurent pour premier résultat d'assurer au Portugal avec Albuquerque, et à l'Espagne avec Fernand Cortez et Pizarro, la possession d'immenses empires coloniaux, de faire de ces deux royaumes les plus riches de l'Europe au seizième siècle, et par contre-coup d'enrichir également les Etats voisins.

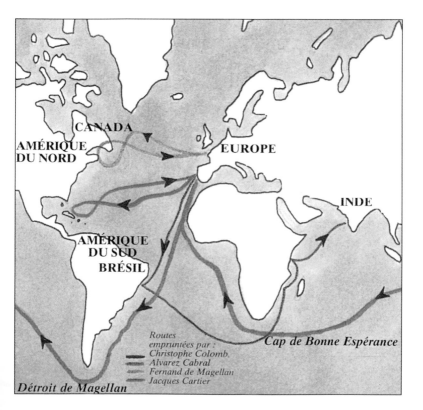

CANADA

AMÉRIQUE DU NORD

EUROPE

INDE

AMÉRIQUE DU SUD

BRÉSIL

Routes empruntées par :
Christophe Colomb.
Alvarez Cabral
Fernand de Magellan
Jacques Cartier

Cap de Bonne Espérance

Détroit de Magellan

LES DÉCOUVERTES MARITIMES

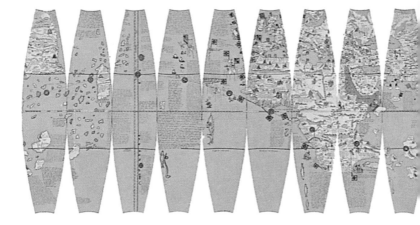

LE COMMERCE DE L'ORIENT

La cause première des grandes découvertes fut l'appât du gain, le désir de s'enrichir.

Au Moyen Age certaines marchandises procuraient à ceux qui en faisaient le commerce d'énormes bénéfices parce qu'elles étaient rares. C'étaient la soie, le velours, les pierreries, les perles, les porcelaines, les parfums, l'encens, la myrrhe, l'aloès, et surtout les épices, clou de girofle, cannelle, muscade, poivre, gingembre, que l'on consommait alors en quantités extraordinaires. Tous ces produits venaient de l'Asie, et l'on désignait sous un même nom, les Indes, les diverses contrées d'où on les tirait.

Ces marchandises arrivaient en Europe par l'intermédiaire des trafiquants arabes et par deux routes seulement, l'une, celle de l'Asie centrale, qui aboutissait à la mer Noire, l'autre, celle de l'Océan Indien et de la mer Rouge qui aboutissait à l'Egypte, au port d'Alexandrie. Là elles étaient embarquées sur les navires génois et vénitiens. Comme les deux républiques italiennes gardaient jalousement les débouchés des seules routes connues, les autres peuples maritimes devaient avoir la pensée de chercher et le désir de trouver quelque chemin nouveau vers les Indes, sources de tant de richesses.

Ci-dessus :
Carte de Martin
Behaim, datant
du XVᵉ siècle.

A droite :
Carte de la côte
est de l'Amérique
du Nord réalisée
en 1556.

LES DÉCOUVERTES MARITIMES

PROGRÈS DE LA GÉOGRAPHIE

Mais pour que l'entreprise puisse être tentée, il fallait d'abord que les idées sur la forme de la terre soient modifiées, et les connaissances géographiques un peu étendues et précisées. Les Européens du Moyen Age étaient en géographie beaucoup moins instruits que ne l'avaient été les Grecs et les Romains. En dehors de leur propre pays, ils ne connaissaient guère que le pourtour de la Méditerranée. Quant à la Terre elle-même, on n'admettait pas qu'elle pût avoir la forme d'une sphère, parce qu'en ce cas les hommes de l'hémisphère opposé au nôtre marcheraient la tête en bas, ce qui, disait-on était absurde et impossible.

Cependant à partir du treizième siècle les connaissances géographiques s'accrurent. Les Européens connurent les pays d'Extrême-Orient par les descriptions enthousiastes du Vénitien Marco Polo qui séjourna dix-sept ans au Cathay, c'est-à-dire en Chine.

En même temps les idées sur la forme de la Terre se modifiaient. Ce fut un des résultats des Croisades qui avaient mutilplié les relations avec les Arabes. Les Arabes, grands voyageurs, avaient en outre hérité d'une partie de la science antique. Par leur intermédiaire les Européens commencèrent à connaître les travaux des géographes grecs.

Or, les Grecs admettaient que la Terre était sphérique. Il était donc possible d'en faire le tour, et en marchant toujours droit vers l'ouest on devait, partant de l'Europe, arriver à l'Asie. A la fin du quatorzième siècle, un Français, le cardinal Pierre d'Ailly, chancelier de l'Université de Paris, dans son *Image du monde*, livre qui fut plus tard familier à Christophe Colomb, émettait cette idée que l'extrémité de l'Espagne ne devait pas être séparée des Indes par une distance bien considérable.

LES DÉCOUVERTES MARITIMES

Les Grecs admettaient également qu'un même océan enveloppait l'Europe, l'Afrique et l'Asie. Dès lors en contournant l'Afrique il devait être possible d'aborder aux Indes. Ce fut cette dernière idée qui, au début du quinzième siècle, inspira les premiers voyages d'exploration des Portugais, et amena les premières découvertes.

LES GRANDS MARINS

*Ci-dessus :
La découverte de
l'Amérique par
Christophe
Colomb.*

*Ci-contre :
Le* Santa Maria,
*caravelle de
Christophe
Colomb.*

CHRISTOPHE COLOMB était le fils d'un marchand drapier de Gênes. Tout jeune il se fit marin et accomplit plusieurs voyages. Avec les hommes les plus éclairés de son temps, il s'était convaincu que la Terre était ronde et il conçut l'idée qu'on pouvait dès lors, en naviguant à l'ouest, au lieu de contourner les côtes d'Afrique, rencontrer le prolongement de l'Asie.

Colomb fit part de ses projets à la République de Gênes, puis au Portugal et à l'Espagne, qui le regardèrent comme un visionnaire et un fou. Il écrivit aux rois de France et d'Angleterre. Tous deux répondirent favorablement. Colomb se mettait en route pour la France, quand la reine Isabelle d'Espagne le rappela.

Colomb partit du port de Palos, en Andalousie, le 3 août 1492, et après une traversée de soixante-cinq jours aborda dans une des îles Lucayes. Il croyait avoir touché les Indes. Cette même année, il découvrit Cuba et Haïti, puis en 1493 la plupart des autres Antilles, et cinq ans après le continent de l'Amérique du Sud.

Bien accueilli à son retour une première fois et comblé d'honneurs, il fut bientôt en butte à la persécution. Il n'eut pas même l'honneur de donner son nom au nouveau monde qu'il avait découvert.

LES GRANDS MARINS

*Ci-dessus :
Francisco
Pizarro.*

*A gauche :
Fernand de
Magellan.*

LES GRANDS MARINS

– Le Portugais Vasco de Gama découvre en 1497-
98 la route la plus directe pour atteindre les
Indes. En 1502, il s'installe à Calicut et en 1510,
à Goa, avec le titre de vice-roi des Indes. Les
marins portugais établissent des comptoirs à
Ceylan ; l'empereur de Chine leur donne
Macao.

– Le Portugais Magellan, au service de l'Espagne,
conduit en 1519 une expédition de 5 navires
pour chercher le passage de l'Atlantique au
Pacifique (détroit de Magellan). En 3 ans, l'expédition fait le tour du monde. Grâce à elle, une
certitude existe : la Terre est ronde.

A droite :
Jacques Cartier.

Ci-dessous :
Vasco de Gama.

– L'Italien Amerigo Vespucci, fait 3 expéditions aux "nouvelles Indes" et découvre un nouveau continent à qui on donne en 1507, le nom d'Amérique.
– Le Portugais Alvarez Cabral découvre, la même année en 1507, explore les côtes du Brésil et traverse l'Atlantique Sud.
– En 1513, l'Espagnol Balboa franchit l'isthme de Panama et découvre le Pacifique.
– En 1514, le Français Jacques Cartier découvre le Canada.

LES GRANDES INVENTIONS

LES GRANDES INVENTIONS ET LES DÉCOUVERTES MARITIMES

Il n'y a pas une date précise qui marque la fin du Moyen Âge et le commencement des Temps modernes. Mais au quinzième et au seizième siècles, par transitions insensibles, la civilisation se transforme ; l'Europe occidentale entre dans une ère nouvelle.

Un grand nombre de causes ont concouru à produire ces transformations. Il faut ranger parmi les principales les grandes inventions comme celles de l'imprimerie, et les grandes découvertes géographiques qui ont été extraordinairement nombreuses à la fin du quinzième siècle et au

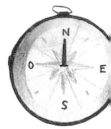

Ci-dessus :
La boussole.

Ci-contre :
La caravelle.

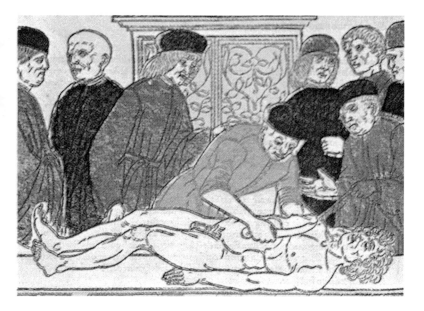

Ci-dessus :
La dissection
favorise la
connaissance de
l'anatomie.

commencement du seizième. Ces inventions et ces découvertes peuvent être comparées, pour leur importance historique, aux grandes découvertes scientifiques du dix-neuvième siècle, qui ont engendré la civilisation contemporaine.

On range parmi les grandes inventions la boussole, la poudre à canon, le papier de chiffons, l'imprimerie. En réalité l'imprimerie seule est une invention européenne du quinzième siècle. Les trois autres sont venues d'Orient et elles sont antérieures au quatorzième siècle : mais elles se sont répandues en Europe et se sont perfectionnées au quatorzième et surtout au quinzième siècle.

LES GRANDES INVENTIONS

L'IMPRIMERIE

Les livres au Moyen Age étaient manuscrits, c'est-à-dire copiés à la main. Il fallait longtemps pour les copier ; on ne les avait qu'en petit nombre et ils coûtaient très cher. A la fin du treizième siècle, une Bible copiée avec soin valait de quatre à cinq cents francs. On comprend que dans les bibliothèques de certains couvents on ait pris la précaution d'attacher les livres à leur rayon avec des chaînes de fer.

A la fin du quatorzième siècle, la création des universités fit chercher le moyen d'obtenir des livres plus rapidement ; l'on imagina d'en graver le texte sur du bois : cela s'appela la xylographie (écriture sur bois). On dessinait les lettres sur un bloc de bois ; puis on creusait autour de chaque lettre, en sorte que le texte apparaissait en relief et formait une page de bois. Il suffisait d'encrer cette page et d'y appliquer une feuille de papier pour avoir une page de livre.

Le procédé était encore cher et demandait toujours beaucoup de temps. Les lettres ou caractères étaient immobiles et ne pouvaient servir pour un autre livre. Au commencement du quinzième siècle, un habitant de Haarlem, ville des Pays-Bas, Laurent Coster, imagina de séparer les caractères, de les rendre mobiles, ce qui permettait, quand un livre était achevé, d'en composer un autre avec le même jeu de caractères.

Mais les caractères de bois s'usaient vite. Un peu après 1440, un Allemand de Mayence, établi à Strasbourg, Jean Gutenberg, instruit du procédé de Coster, imagina de graver les caractères en creux. Il obtint ainsi des moules ou matrices dans lesquels il suffisait de couler un alliage d'antimoine et de plomb pour obtenir des caractères mobiles. On en eut ainsi autant que l'on voulut.

LES GRANDES INVENTIONS

A gauche :
Jean
Gutenberg.

Le premier livre qu'imprima Gutenberg fut une Bible, en 1457. Comme le papier était d'autre part à bon marché, il fut facile de multiplier les livres.

L'imprimerie se répandit très rapidement. En 1500 on trouvait des imprimeurs dans toute l'Europe. La première imprimerie en France fut établie en 1470 à Paris, par le recteur de l'Université, Guillaume Fichet, qui installa à la Sorbonne trois imprimeurs allemands, Ulrich Gering, Michel Friburger et Martin Krantz et leur fit imprimer en deux ans, vingt et un ouvrages, classiques latins ou traités de grammaire et d'éloquence.

Aucune invention, dans toute l'histoire, n'a été plus importante que celle de l'imprimerie. Les contemporains comprirent immédiatement que l'on en tirerait « *proufit et utilité pour l'augmentation de la science* ». Dès l'an 1500, on pouvait se

*Ci-dessous :
L'italien
Pétrarque
a été le premier
des grands
humanistes
de la
Renaissance.*

procurer, pour une somme équivalant à 2 fr. 50 de notre monnaie, les livres qui, cinquante années auparavant, valaient trois cents francs. L'imprimerie a mis les livres, et par conséquent l'instruction, à la portée de tous. Elle a rendu possible leur diffusion universelle. Par là, elle a provoqué les découvertes nouvelles, les transformations politiques. Du jour de la découverte de l'imprimerie, l'humanité a fait plus de progrès, en quatre cent cinquante ans qu'elle n'en avait fait dans les trois ou quatre mille ans qui précédèrent. L'imprimerie a été et est encore l'instrument indispensable de tout progrès et de toute liberté.

LE RÈGNE DE CHARLES VIII

ANNE DE BEAUJEU

Charles VIII, héritier de Louis XI, n'avait que treize ans lorsque Louis XI mourut. Sa sœur aînée, Anne, femme du sire de Beaujeu, assuma la charge et le gouvernement du futur roi. Madame Anne était aussi politique que son père. Elle n'avait pas le cœur beaucoup plus sensible que lui, mais elle avait tout aussi bonne tête.

Elle eut l'habileté tout d'abord de faire quelques concessions aux princes et aux seigneurs ; elle sacrifia quelques-uns des agents les plus détestés de son père ; le barbier de Louis XI, Olivier Le Dain, qui était devenu son premier ministre, fut pendu au gibet de Montfaucon.

Le jeune duc d'Orléans, mari de la seconde fille de Louis XI, voulait une part du pouvoir. Pour le combattre, Anne de Beaujeu convoqua les états généraux (1484). Ceux-ci essayèrent d'établir le principe du consentement de la nation aux impôts

A droite :
Anne de
Bretagne, *par*
Jean Bourdichon.

et d'intervenir dans le gouvernement du royaume ;
mais la régente ne tint pas compte de leurs vœux.
Elle gouverna avec une sagesse et une énergie qui
lui ont mérité une grande place dans l'Histoire.

Elle triompha de deux révoltes du duc
d'Orléans et fit épouser au roi la duchesse Anne
de Bretagne, dont le duché se trouvait ainsi réuni
à la couronne (1491).

CHARLES VIII

La Bretagne ne devenait pas une province du
royaume ; elle s'associait à la France en restant
bretonne ; mais elle devenait une avant-garde en
face de l'Angleterre.

LE RÈGNE DE CHARLES VIII

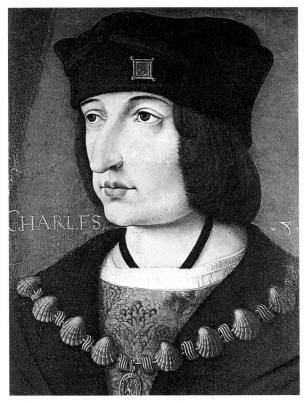

A gauche :
Charles VIII.

Cette même année, Anne de Beaujeu abandonna le gouvernement à son frère.

Charles VIII se hâta de traiter avec ses ennemis. Il paya au roi d'Angleterre une indemnité de 750 000 écus d'or, rendit au roi d'Aragon le Roussillon et à Maximilien d'Autriche l'Artois et la Franche-Comté. La réunion de la Bretagne à la France fut ainsi compensée par la perte de trois provinces.

Ce n'était ni par peur du danger ni par amour de la paix que Charles VIII s'était tant hâté de traiter à tout prix avec tous ses ennemis. C'est qu'il rêvait au contraire des guerres lointaines pour lesquelles il voulait avoir les mains libres. Aussi romanesque que son père et sa sœur étaient politiques, il avait résolu d'aller prendre le royaume de Naples où règnait un prince de la maison d'Aragon et auquel il prétendait comme héritier de la maison d'Anjou. Il entreprit des guerres en Italie.

Ci-dessus :
Charles VIII.

ENTRÉE DE CHARLES VIII À NAPLES

Au lieu de travailler à étendre le royaume de France vers les frontières naturelles de l'ancienne Gaule, Charles VIII conçut le dessein de jeter la France sur l'Italie.

La péninsule était divisée en plusieurs petits Etats qu'aucun lien national n'unissait et qui avaient fini par perdre leurs libertés démocratiques pour tomber sous le joug d'usurpateurs

A droite :
Entrée
de Charles VIII
à Naples.

LE RÈGNE DE CHARLES VIII

dont quelques-uns étaient devenus de puissants princes. Tous ces tyrans italiens, pape et princes, étaient sans cesse en querelle et fort disposés à attirer l'intervention étrangère.

Encouragé par de fortes pressions, le roi Charles VIII descendit en Piémont au commencement de septembre 1494. Il franchit le Pô, pénétra sans obstacle en Toscane et fut reçu à Pise avec enthousiasme. Les Français marchèrent ensuite sur Florence, qui se mit sous la protection de la couronne de France. Le roi Charles VIII prit le chemin de Rome, traita avec le pape Alexandre VI et se dirigea enfin sur Naples.

Les populations napolitaines, que les rois de la maison d'Aragon avaient durement opprimées, se soulevèrent en faveur des Français.

Charles VIII entra dans Naples, le 22 février 1495, sous un dais, un globe d'or à la main, aux acclamations du peuple entier. Il avait accordé de grands privilèges à la ville de Naples et diminué les impôts. L'allégresse fut d'abord générale. Mais Charles ne sut pas profiter de sa conquête. Il s'aliéna promptement le parti napolitain qui l'avait appelé, en donnant presque tous les emplois et les faveurs à ses courtisans français. Les princes italiens, l'empereur d'Allemagne même et l'Espagne organisèrent une ligue contre Charles VIII, qui repartit le 20 mai, laissant une grande partie de son armée à la garde de son nouveau royaume.

Trente-cinq mille Italiens vinrent barrer la route au roi de France près de Fornoue. L'armée française, qui comptait à peine dix mille hommes, se fraya un chemin par une brillante victoire et rentra en France le 23 octobre. Pendant ce temps, une insurrection populaire avait éclaté à Naples et l'armée que Charles VIII y avait laissée dut évacuer le royaume.

Entrée
de Charles VIII
à Naples.
*(Peinte par
Feron,
Versailles).*

LES GUERRES D'ITALIE

LES CAUSES DES GUERRES D'ITALIE

Les guerres d'Italie eurent pour causes :
1 – Les prétentions de Charles VIII sur le royaume de Naples ;
2 – Celles de Louis XII sur le Milanais.

Charles VIII réclamait le royaume de Naples comme héritier, par Louis XI, de Charles d'Anjou, dont la famille avait été dépossédée par la maison d'Aragon.

Louis XII réclamait le duché de Milan comme petit-fils de Valentine Visconti, dont la famille avait été dépossédée par les Sforza.

A gauche :
Le roi Louis XII
et son
« ministre »,
le Cardinal
d'Amboise.

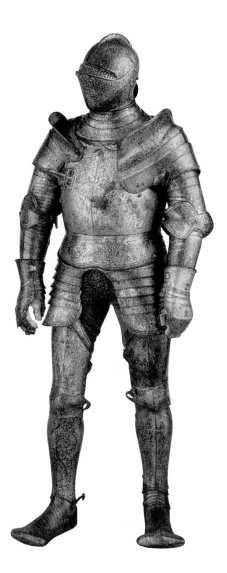

LES GUERRES D'ITALIE

LES IMPRUDENTES CONCESSIONS DE CHARLES VIII

Charles VIII, entraîné par un désir de gloire aventureuse, veut, avant de partir pour l'Italie, s'assurer la paix avec ses voisins et leur sacrifie quelques-unes des plus précieuses acquisitions de son père.

Il donne de l'argent au roi d'Angleterre, et rend :

1 – l'Artois et la Franche-Comté à Maximilien d'Autriche ;

2 – le Roussillon et la Cerdagne à Ferdinand le Catholique, roi d'Espagne.

Ci-dessous :
La bataille de Marignan sculptée sur le tombeau de François 1ᵉʳ.

CONQUÊTE ET PERTE DU ROYAUME DE NAPLES

Charles VIII était appelé en Italie :

1 – par Ludoci Sforza, qui voulait enlever le duché de Milan à son propre neveu ;

2 – par les Florentins, qui espéraient, avec l'aide des Français, secouer le joug des Médicis ;

3 – par les barons napolitains de l'ancien parti d'Anjou, cruellement persécutés par les rois espagnols.

Charles traverse l'Italie en triomphateur, et les Napolitains jettent des fleurs sur son passage. Mais bientôt les puissances de l'Europe s'alarment de ce succès et forment une ligue pour interdire au vainqueur le retour dans ses Etats.

LES GUERRES D'ITALIE

LA VICTOIRE DE MARIGNAN

Louis XII n'ayant pas de fils, la couronne passa au comte d'Angoulême, François Ier, son cousin et son gendre. A peine roi, François Ier, qui comme Louis XII descendait de Valentine Visconti, entreprit, après alliance avec les Vénitiens, la conquête du Milanais. La victoire de Marignan, gagnée après deux jours de lutte (13-14 septembre 1515), le rendit maître du duché.

Cette victoire détermina, en outre, les adversaires du roi de France à signer non plus des trêves, mais la paix. Le pape Léon X signa le premier : ce fut le Concordat de 1516. Puis les Suisses signèrent la Paix Perpétuelle (1516) scrupuleusement respectée jusqu'à la Révolution de 1789. Enfin l'Empereur et le roi d'Espagne reconnurent à François Ier la possession du Milanais. En revanche François Ier abandonnait le royaume de Naples au roi d'Espagne.

Les guerres d'Italie étant terminées, en 1518 toute l'Europe occidentale était en paix.

Ci-contre :
La bataille de
Marignan.

FRANÇOIS Iᵉʳ

A gauche :
Marguerite
d'Angoulême,
reine de Navarre,
sœur
de François Iᵉʳ.

A droite :
François Iᵉʳ.

François Iᵉʳ succéda, le 1ᵉʳ janvier 1515, à son cousin Louis XII, qui n'avait pas de fils.

Ce jeune roi, qui n'avait pas vingt ans, inaugura son règne par une action d'éclat ; il remporta sur les Suisses la victoire de Marignan et reconquit le Milanais.

Il conclut avec les Suisses la paix perpétuelle et avec le pape Léon X le Concordat (1516). Mais une puissance redoutable se formait en Europe. Charles d'Autriche, héritier des maisons

d'Autriche, de Bourgogne et d'Espagne, briguait en outre la couronne d'Allemagne, à laquelle aspirait également François Ier.

Ce fut Charles qui l'emporta. A la mort de Maximilien d'Autriche (1519), il fut élu empereur et prit le nom de Charles Quint.

Cette élection, qui rompait l'équilibre européen, était surtout menaçante pour la France, ennemie naturelle de la maison d'Autriche.

A gauche :
Le château
de Blois, escalier
François Ier,
entrepris
vers 1520.

François Ier se prépara aussitôt à la lutte. La guerre s'engagea dans les Pays-Bas, sur les Pyrénées et en Italie. Les généraux de François Ier furent battus et le roi lui-même fut vaincu et fait prisonnier à Pavie (1525). Il signa le traité de Madrid (1526).

François Ier ayant rompu le traité de Madrid, Charles Quint porta la guerre en Italie, et imposa le traité de Cambrai, qui lui assura la possession de toute l'Italie (1531). Après six ans de trêve, François Ier envahit les Etats de Savoie. La paix de Nice (1538) donna à François Ier la Savoie et laissa à Charles Quint le Milanais.

Charles Quint ayant violé à son tour le traité, François Ier mit sur pied cinq armées et attaqua l'Empire par tous les côtés à la fois. L'armée impériale fut battue à Cerisoles, en Italie (1544) ; mais Charles Quint envahit la Picardie et la Champagne et les Anglais s'emparèrent de Boulogne. L'empereur, rappelé en Allemagne par les troubles qu'excitaient les protestants, signa la paix de Crespy (1544). Deux ans après, François Ier conclut le traité d'Ardres avec les Anglais.

François Ier mourut en 1547. Il avait régné trente-deux ans.

Malgré bien des revers, ce règne fut l'un des plus brillants de notre histoire. François Ier réforma la justice et l'administration; il mit de l'ordre dans les finances, créa les premières rentes sur l'Hôtel de Ville et l'épargne ou trésor central. Il organisa l'infanterie nationale, équipa des flottes, fonda le Havre, développa la marine marchande et favorisa les entreprises de Jacques Cartier, qui fit au Canada une colonie française. Mais la véritable gloire de ce roi est surtout dans la protection qu'il accorda aux lettres et aux arts, qui brillèrent d'un vif éclat.

L'ENTREVUE DU CAMP

LES NÉGOCIATIONS ET LES ALLIANCES

Ce qui fait l'intérêt de cette période de guerre, ce sont les négociations et les alliances. Jamais encore l'on n'avait autant négocié et rarement, depuis, la diplomatie a été plus active. Ces négociations avaient le plus souvent pour objet non pas la paix, mais la préparation d'une reprise de la guerre par la conclusion d'alliances et la formation de coalitions. Les rois de France négocièrent surtout avec le roi d'Angleterre, Henri VIII, avec le sultan des Turcs, Soliman, et les princes protestants d'Allemagne.

A gauche :
Charles Quint
peint par
le Titien.

A droite :
L'entre ue du
camp du Drap
d'Or.

DU DRAP D'OR

Henri VIII fut un allié intermittent, qui pratiqua tout le long de son règne (1509-1547) ce qu'on a appelé depuis la politique de bascule, se portant tantôt du côté de Charles Quint, tantôt du côté de François Ier, selon que l'un ou l'autre lui paraissait devenir plus puissant.

L'alliance turque et l'alliance des princes protestants d'Allemagne, furent plus utiles à la France ; elles eurent l'une et l'autre d'importantes conséquences, les unes immédiates, les autres plus lointaines et durables.

Ci-dessus :
Portrait
de Henri VIII
par Holbein.

L'ENTREVUE DU CAMP DU DRAP D'OR

La lutte était inévitable entre le nouvel empereur Charles Quint et le roi de France. Les deux rivaux tâchèrent, chacun de son côté, d'obtenir l'alliance de l'Angleterre.

François Ier eut une entrevue avec le roi Henri VIII, sur les confins de la Picardie, entre Guines et Ardres ; elle reçut le nom d'entrevue du Camp du Drap d'Or, à cause des tentes de drap d'or, doublées en velours, qu'avait fait faire François Ier pour lui et sa cour.

Les deux cours disputèrent de magnificence pendant quinze jours ; ce ne fut, dit la chronique, que festins, bals et tournois plus merveilleux les uns que les autres. La noblesse, que les deux rois avaient amenée, déploya un luxe extraordinaire ; la dépense que firent ces seigneurs « ne se peut estimer, dit un contemporain, tellement que plusieurs portèrent leurs moulins, leurs forêts et leurs prés sur leurs épaules... », voulant dire qu'ils avaient vendu leurs terres pour se mieux parer.

Les deux rois se témoignèrent beaucoup de courtoisie et d'amitié ; toutefois rien ne fut conclu entre eux.

On dit qu'Henri VIII, qui était très vaniteux, fut irrité du luxe déployé par la cour de France et très piqué d'avoir été jeté à terre par François Ier dans une lutte à la manière des Bretons.

*Le Camp du
Drap d'Or.*

LA LUTTE ENTRE LES MAISONS

La paix péniblement acquise en 1518 ne dura pas deux ans. En 1520, la France recommençait la guerre. Cette fois il ne s'agissait plus de l'Italie et de la possession de Naples ou du Milanais. La reprise des hostilités eut pour cause la puissance excessive de Charles d'Autriche, empereur sous le nom de Charles Quint, puissance telle qu'elle mettait en péril l'exitence même de la France.

CHARLES QUINT ET LA FRANCE

La puissance de Charles Quint, redoutable pour tous, était plus particulièrement redoutable pour la France. Celle-ci était, en face des Etats de Charles Quint, comme une citadelle investie de toutes parts, car les Etats de l'Empereur touchaient à toutes ses frontières. Le péril était surtout pressant au Nord et à l'Est où la France était beaucoup moins étendue qu'elle ne l'est

DE FRANCE ET D'AUTRICHE

aujourd'hui. L'Artois, la Flandre, la Franche-Comté appartenaient à Charles Quint. La Picardie, la Champagne, la Bourgogne étaient alors à la frontière. Paris, la capitale, n'était pas à cent cinquante kilomètres de l'ennemi et nul obstacle naturel, haute montagne ou fleuve puissant, ne la protège au nord contre une invasion soudaine.

A ce danger résultant du tracé des frontières, s'ajoutait le danger provenant des ambitions

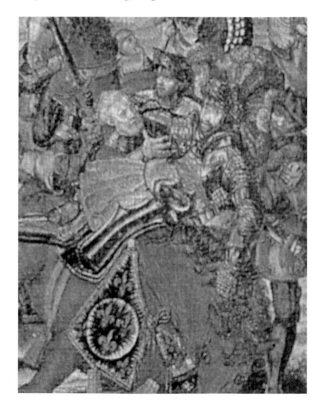

LA LUTTE ENTRE LES MAISONS DE FRANCE ET D'AUTRICHE

LA LUTTE ENTRE LES MAISONS DE FRANCE ET D'AUTRICHE

*A droite :
Elisabeth
d'Autriche,
1554-1552, reine
de France, femme
de Charles IX.*

*A gauche :
Entrée de
Charles V dans
Bruges, 1515.*

LA LUTTE ENTRE LES MAISONS DE FRANCE ET D'AUTRICHE

LA LUTTE ENTRE LES MAISONS DE FRANCE ET D'AUTRICHE

précises de Charles Quint. Arrière-petit-fils de Charles le Téméraire, il prétendait se faire restituer les parties de l'héritage de son aïeul, rattachées par Louis XI au domaine royal, la Picardie et la Bourgogne. Chef du Saint-Empire Romain germanique, il prétendait faire rentrer sous sa suzeraineté tous les pays qui avaient antérieurement relevé de l'Empire, l'Italie surtout et par conséquent le Milanais, possession de François Ier, peut-être même l'ancien royaume d'Arles, c'est-à-dire le Dauphiné et la Provence, deux provinces du royaume de France.

Entrée de Charles Quint dans Bruges. Flandre, 1515.

La lutte contre Charles Quint était donc une nécessité pour la France. A partir de 1520 les guerres qu'entreprirent François Ier puis Henri II, ne furent plus comme celles de Charles VIII et de Louis XII guerres d'ambition et de conquête : ce furent des guerres de salut national ; l'intégrité même de la France était en jeu.

La lutte, commencée en 1520, dura trente-neuf ans, jusqu'à 1559. Charles Quint et François Ier qui la commencèrent n'en virent pas la fin. Elle se poursuivit et se termina sous leurs fils, Philippe II d'Espagne et Henri II. On y distingue six épisodes, six guerres, quatre sous le règne de François Ier, deux sous le règne d'Henri II. Ces guerres eurent pour théâtre à la fois l'Italie et la France du Nord et de l'Est. Elles ne furent point un simple duel entre deux souverains comme avait été la guerre de Cent ans ; Charles Quint et Philippe II, François Ier et Henri II cherchèrent et trouvèrent des alliés. En sorte que l'on vit, mêlés à la lutte des maisons de France et d'Autriche, le roi d'Angleterre, les princes allemands, les Etats italiens, un roi de Suède, les papes et jusqu'aux Turcs : ces guerres françaises furent en même temps des guerres européennes.

LES HOMMES DE GUERRE

Ci-dessous :
Mort de Bayard

BAYARD (Pierre du Terrail, seigneur de), sur-nommé le *Chevalier sans peur et sans reproche*, naquit au château de Bayard, près d'Allevard (Isère), en 1476. Tout jeune, il servit dans les pages du duc de Savoie, puis s'attacha au roi de France Charles VIII. Il fit avec ce prince l'expé-dition de Naples et se signala à la bataille de Fornoue (1494).

Sous Louis XII, il prit part à la conquête du Milanais et à l'expédition de Naples et contribua à la conquête d'une partie de l'Italie. Il défendit seul contre un corps de cavaliers espagnols le pont du Garigliano et sauva l'armée qui allait être attaquée à l'improviste. Il prit ensuite une part glorieuse à la victoire d'Agnadel et au siège de Padoue et combattit avec succès dans la guerre contre le pape Jules II. Il fut grièvement blessé à l'assaut de Brescia, combattit à Ravenne et protégea la retraite des troupes françaises après la mort de Gaston de Foix.

BAYARD ET GASTON DE FOIX

Fait prisonnier à la bataille de Guinegate, il fut bientôt rendu à la liberté. Sous François Iᵉʳ, il alla de nouveau guerroyer en Italie. A Marignan, il fit des prodiges de valeur.

Au commencement de 1524, il ramena d'Italie l'armée qu'avait compromise l'amiral Bonnivet, et la sauva en lui faisant franchir la Sesia, à Romagnano, sous les yeux des Espagnols.

Mais, en protégeant cette retraite, il fut mortellement blessé et expira le 30 avril 1524.

En bas à droite : Chevalier au XVᵉ siècle.

LES HOMMES DE GUERRE : BAYARD ET GASTON DE FOIX

GASTON DE FOIX fut un grand homme de guerre à vingt-deux ans. Son oncle, Louis XII, lui avait confié la défense du Milanais en 1511, à un moment où Jules II le menaçait avec les Espagnols et les Vénitiens. Sa carrière militaire ne dura pas trois mois ; mais dans ce court espace de temps il se révéla un incomparable manœuvrier en avance de plus d'un siècle sur son temps, le précurseur des plus grands stratégistes, Turenne et Napoléon.

A une époque où les armées ne se mouvaient qu'avec une extrême lenteur, où Charles VIII mettait cinq mois pour se rendre sans combat des Alpes à la frontière de Naples et François Ier un mois pour faire les deux cent vingt kilomètres de l'Argentière à Marignan, Gaston stupéfia ses adversaires par la rapidité de ses marches et l'audace de son offensive. Seul en face de trois adversaires, il sut faire front partout.

Au mois de février 1512, en quatorze jours il fit faire à ses troupes plus de deux cents kilomètres par la neige et des chemins défoncés, et gagna trois victoires : le 5, il débloquait Bologne qu'assiégeait le pape ; le 16, il battait les Vénitiens au nord de Mantoue ; le 19, il enlevait Brescia d'assaut.

Il fut tué deux mois plus tard, le 11 avril, jour de Pâques, devant Ravenne, au moment de son plus éclatant triomphe, à la fin d'une bataille furieuse. « Jamais gens, dit un témoin, ne firent plus de défense que les Espagnols qui, n'ayant plus ni bras ni jambe entière, mordaient leurs ennemis. » Seize mille hommes étaient tués. Gaston avait reçu dix-huit blessures, « depuis le menton jusque au front en avait quatorze ou quinze, dit le chroniqueur, et par là montrait bien le gentil prince qu'il n'avait pas tourné le dos ».

Ci-dessus :
Gaston de Foix
(1489-1512).

LES HOMMES DE GUERRE : BAYARD ET GASTON DE FOIX

L'armée
de Louis XII
partant
pour les guerres
d'Italie.
*(Manuscrit
français
du XVIᵉ siècle).*

*Ci-dessous :
La mort
de Gaston de
Foix à Ravenne.*

LE RÈGNE D'HENRI II

HENRI II avait vingt-huit ans quand il succéda à son père (1547). S'il avait la prestance de François Ier, il avait malheureusement l'esprit aussi lourd que celui-ci l'avait eu vif et actif, ne savait pas se gouverner lui-même et se laissait diriger par d'ambitieux conseillers. Il mit le pouvoir dans les mains du connétable de Montmorency et des Guises.

Henri II reprit la politique extérieure de son père : il entra en guerre ouverte avec l'Angleterre (1549) et récupéra Boulogne moyennant 400 000 écus d'or.

Les Guises poussèrent alors le nouveau roi contre l'empereur Charles Quint. Il signa une alliance secrète avec les protestants d'Allemagne et gagna à sa cause Maurice de Saxe, qui commandait une armée de Charles Quint. Il pénétra en Lorraine et s'empara de Metz, Toul et Verdun. Charles Quint vint assiéger Metz ; mais

*A droite :
Catherine de
Médicis, épouse
d'Henri II.*

François de Guise la défendit victorieusement
(1553). Charles Quint continua la lutte trois ans
encore ; mais sentant la fortune l'abandonner,
épuisé, malade, il abdiqua (1556).

La France continua la guerre avec le roi
d'Espagne. Elle se termina en 1559 par le traité de
Cateau-Cambrésis qui laissait à la France Metz,
Toul, Verdun et Calais.

LE RÈGNE D'HENRI II

A gauche :
Henri II *par*
François Clouet.

*A droite :
Diane de Poitiers,
maîtresse de
Henri II qui avait
dix-neuf ans de
moins qu'elle.
Elle favorisa la
répression du
protestantisme.
Henri II fit
construire pour
elle le château
d'Anet.*

HENRI II AU PARLEMENT

Le protestantisme avait fait en France des progrès immenses depuis l'avènement d'Henri II. En 1555, le cardinal de Lorraine avait obtenu du roi un édit qui enjoignait aux magistrats de punir, sans examen et sans appel, tout hérétique condamné par les juges de l'Église. Le Parlement protesta et lutta en faveur de la tolérance et de l'humanité.

Les chefs du Parlement furent sommés, au nom du roi, de tenir la main à l'exécution rigoureuse des édits royaux. La majorité se prononça contre

LE RÈGNE D'HENRI II

*A gauche :
Henri II au
Parlement.*

la peine de mort et proposa de bannir seulement
les hérétiques. Le 10 juin 1559, Henri II se trans-
porta en personne au Parlement et ordonna
d'achever de délibérer en sa présence.

Les magistrats qui n'avaient pas encore voté,
opinèrent devant le roi aussi librement qu'avaient
fait leurs collègues. La délibération achevée, le roi
ne laissa pas compter les voix, se fit livrer le
procès-verbal des séances générales et ordonna
d'arrêter sur-le-champ plusieurs conseillers et un
président, proférant des menaces terribles contre
les magistrats qui désormais se sépareraient de
lui. Des lettres patentes furent ensuite expédiées
à tous les juges des provinces pour la destruction
des hérétiques. Mais un événement inattendu vint
arrêter l'œuvre de persécution. Le 29 juin, le roi
était blessé mortellement par Montgommery dans
un tournoi et mourait quelques jours après.

LE RÈGNE D'HENRI II

A droite :
Tournoi
d'Henri II.

LE RÈGNE D'HENRI II

MORT D'HENRI II

Par la paix qui fut signée le 3 avril 1559 au Cateau-Cambrésis, Henri II s'était engagé à marier sa fille Elisabeth au roi d'Espagne Philippe II et sa sœur Marguerite au duc Philibert-Emmanuel de Savoie.

A l'occasion de ce double mariage, de grandes et brillantes fêtes furent données à la cour de France ; selon la mode du temps, elles se terminèrent le 29 juin par un tournoi.

Ci-contre :
Le tournoi
du 30 juin 1559
au cours duquel
Henri II
trouva la mort.

On appelait *tournois*, au moyen âge, des fêtes militaires où les chevaliers déployaient leur force et leur adresse en joutant ou en combattant les uns contre les autres. Leur origine remonte au IXe siècle.

On avait établi une lice au bout de la rue Saint-Antoine, devant l'hôtel des Tournelles, qui était alors la résidence du roi à Paris, depuis que la cour, au siècle passé, avait abandonné le vieil hôtel Saint-Pol.

A ce tournoi prirent part, sous les yeux des dames de la cour, les princes et les plus hauts seigneurs. Le roi lui-même, qui passait à juste titre pour être un des plus adroits cavaliers du royaume, fut, comme on disait alors, un des « tenants » du tournoi.

Ci-dessous :
Mort d'Henri II.

Après plusieurs courses brillantes et comme le tournoi finissait, Henri II voulut rompre une dernière lance avant de s'en aller et invita son capitaine des gardes, le comte de Montgomery, à courir contre lui.

Les deux cavaliers rompirent fort adroitement leurs lances, l'un contre l'autre : mais Montgomery n'abaissa pas assez vite le tronçon de lance demeuré dans sa main qui heurta, sans le vouloir, le casque du roi, releva la visière et lui fit pénétrer profondément dans l'œil un éclat de bois.

Le roi tomba sur la selle de son cheval. On le rapporta à l'hôtel des Tournelles, au milieu d'une terreur et d'une confusion indescriptibles.

Il mourut le 10 juillet 1559, dans des souffrances horribles, après une agonie de onze jours.

La mort de Henri II modéra l'ardeur que les princes et les nobles avaient jusqu'alors témoignée pour les tournois. Un an après, Henri de Bourbon, prince du sang, en fut aussi la victime ; les tournois cessèrent alors absolument en France.

LA RÉFORME

Jean Calvin fut le fondateur du protestantisme français. Né à Noyon en 1509, il étudia d'abord le droit à Orléans et à Bourges et accepta les idées luthériennes, qui commençaient à pénétrer en France. Il dut quitter la France et se réfugier à Genève. Il voulut y imposer ses idées, mais il fut chassé avec ses amis et se retira à Strasbourg, de 1538 à 1541. C'est là qu'il traduisit en français son livre de l'*Institution chrétienne*, écrit en latin en 1535, et que, dans une préface demeurée célèbre, il dédia à François Ier.

Calvin revint à Genève, rappelé par les Genevois, et y rentra en maître. Il eut la direction du gouvernement ; il entreprit de réformer les mœurs, édicta des lois très sévères contre le luxe et se montra d'une intolérance et d'une cruauté extrêmes à l'égard de ceux qui combattaient ses doctrines. L'un d'eux, Michel Servet, fut brûlé vif

*Page de gauche
et ci-contre :
Jean Calvin.*

en 1553. Sous sa rude domination, Genève devint le centre du mouvement protestant, d'où rayonnaient dans toute l'Europe les écrits et les disciples du maître. Calvin demeura à la tête du mouvement jusqu'à sa mort (1564).

Calvin s'était approprié et avait complété les unes par les autres les idées de Luther, de Zwingle et des autres réformateurs parus avant lui ; mais, plus radical que Luther, il supprima, pour ainsi dire, tout culte extérieur et affirma la prédestination absolue.

LA RÉFORME

Martin Luther, l'un des chefs du protestantisme en Allemagne, naquit à Eisleben (Saxe) en 1483. Après avoir étudié le droit et la théologie à l'université d'Erfurt, il entra, à Wittemberg, dans un couvent de moines augustins. Il fut nommé professeur de théologie à l'université de cette ville, puis fut chargé d'une mission à Rome auprès du pape. Il en sortit l'esprit très troublé par le spectacle des mœurs peu sévères de l'Italie, de l'indifférence et de l'athéisme même qui s'affichaient dans l'entourage du souverain pontife.

La vente des *indulgences* lui fournit l'occasion de sa révolte contre l'autorité pontificale. Il attaqua le principe même des indulgences, rejeta l'autorité des conciles et des Pères de l'Eglise et proclama que toute vérité est dans l'Evangile, laissant à chacun le soin de l'interpréter. Le pape l'excommunia solennellement; Luther brûla la

bulle publiquement devant l'église de Wittemberg. Charles Quint le cita devant la diète de Worms. Luther ne rétracta rien. A son retour, il fut enlevé par les ordres de son protecteur, l'électeur de Saxe, et conduit secrètement au château de la Wartbourg.

C'est là qu'il traduisit la Bible en allemand et lança de nombreux pamphlets contre l'autorité papale et contre les abus de l'Eglise catholique.

Il mourut en 1516.

LA RÉFORME

L'AFFAIRE DES PLACARDS DE 1534

Quelques réformés ayant eu l'imprudence d'afficher des placards très violents contre la messe dans les carrefours de Paris et jusque dans la chambre du roi, au château de Blois, François Ier, persuadé qu'il y avait en France un parti tout prêt à se soulever, se retourna brusquement du côté des persécuteurs.

On fit juger sommairement les hérétiques. On brûla nombre de gens à Paris. La femme d'un cordonnier fut envoyée au bûcher pour avoir fait gras un vendredi. La cruauté allait toujours en augmentant. On dépassa l'Inquisition même ; on imagina de suspendre les condamnés à des bascules qui, tour à tour, les élevaient en l'air et les descendaient dans les flammes, afin de prolonger leur supplice.

Ci-dessus :
Martin Luther.

A droite :
Persécution
des réformés.

A gauche :
Actes
de répression
et destructions
des statues dans
les églises
par les
Calvinistes.

Le roi se laissa emporter un moment jusqu'à ordonner l'abolition de l'imprimerie. Il se rendit rapidement compte de son acte et révoqua promptement son édit, mais il établit la censure sur les livres.

Il s'arrêta, cette fois encore, dans la voie de la persécution et révoqua les peines qu'il avait édictées contre les suspects de luthérianisme, ne voulant pas se brouiller avec les protestants d'Allemagne dont les agissements ne pouvaient que favoriser ses projets contre Charles Quint.

LE MONT-SAINT-MICHEL

Les Romains avaient bâti un temple à Jupiter au sommet d'un rocher, qui s'appelait alors Mont Jovis. En 509, saint Aubert, évêque d'Avranches, y fit construire une abbaye et une église qu'il dédia à Saint-Michel. Ces édifices furent détruits par un incendie, et au douzième siècle l'abbé Robert de Thorigny les répara et les compléta par des constructions nouvelles. Il y fonda une bibliothèque si importante que l'on donna au monastère le nom de cité des livres. Les Bretons brûlèrent le bourg et l'abbaye dont il ne reste que les murs ; Philippe Auguste répara ces désastres et fit bâtir une forteresse sur un rocher voisin, le rocher de Tombelaine. Saint-Michel résista aux Anglais qui, en 1423, tentèrent en vain de s'en emparer, tandis qu'ils prirent Tombelaine en 1449. Louis XI, en 1469, visita l'abbaye et y institua l'ordre de Saint-Michel. Les protestants ne purent s'en emparer et le château ne se rendit à Henri IV qu'après sa conversion. Le fort de Tombelaine fut rasé en 1669. Sous Louis XIV, Saint-Michel devint une prison d'Etat ; on y a depuis enfermé un grand nombre de condamnés politiques.

Ci-contre :
Le Mont-Saint-Michel*, miniature tirée des Très Riches Heures du Duc de Berry.*

LES GUERRES DE RELIGION ET L'INSURRECTION DES VA NUS-PIEDS

Au XVIe siècle, la région du Mont-Saint-Michel fut ensanglantée par les guerres de religion. Toutefois, le maréchal de Matignon résista aux ordres de la Cour et refusa d'exécuter le massacre de la Saint-Barthélemy.

Au XVIIe siècle, la misère, l'exagération des impôts, l'injustice des gens du roi provoquèrent la terrible insurrection des Va nus-pieds. En 1639, l'établissement de la gabelle avait mis le comble au désespoir des paysans. «Un honnête gentil-

ET LES GUERRES DE RELIGION

LE MONT-SAINT-MICHEL ET LES GUERRES DE RELIGION

homme, dit M. Henri Martin, courut trouver le roi et lui dépeignit le désespoir populaire. » Il était trop tard, la rebellion avait éclaté. Des gens de trouble, soldés par l'Angleterre et par l'Espagne, firent passer pour le chef des Maltotiers et des monopoleurs l'homme qui venait de préserver la contrée de la gabelle, et poussèrent le peuple à se révolter. Le mouvement commencé à Avranches, se propagea dans toute la basse Normandie. Partout, une multitude furieuse s'attaqua aux officiers de finance, aux partisans et à leur commis, saccageait leurs bureaux, démolissait ou brûlait leurs maisons. Il suffisait de crier au monopoleur sur le premier passant pour qu'il soit massacré à l'instant.

Des bandes armées s'organisèrent dans les campagnes et répandirent partout des proclamations menaçantes, au nom d'un chef mystérieux qui s'intitulait le *général Jean Nu-Pieds*. Des aventuriers, des hobereaux ruinés, un prêtre, se donnaient comme les lieutenants de ce chef imaginaire. La perception des impôts fut presque généralement interrompue. » Le colonel Gamon, chargé de réprimer cette révolte, marcha sur Avranches avec quatre mille hommes. Pendant quatre heures, il y fut arrêté par les barricades des faubourgs. La répression fut terrible ! Tout fut passé par les armes, ou livré au chancelier Séguier qui envoya les prisonniers aux galères.

La révocation de l'édit de Nantes porta un coup funeste à l'industrie de ce pays. Un grand nombre de fabricants habiles du Cotentin et de l'Avranchin émigrèrent en Angleterre et en Hollande. Beaucoup se fixèrent dans les îles de Jersey et de Guernesey.

Depuis cette époque, le département de la Manche ne fut plus troublé que par l'insurrection vendéenne. Les Vendéens tentèrent de s'emparer

Ci-dessous :
Le Chancelier
Séguier.
*Charles Le Brun,
Musée du
Louvre, Paris.*

LE MONT-SAINT-MICHEL ET LES GUERRES DE RELIGION

de Granville, mais ils furent repoussés. La prospérité de ce département n'a cessé, depuis, de se développer.

En 1534, la lutte était de plus en plus vive entre Marguerite, la sœur du roi, et la parti de la persécution.

Le syndic de la Sorbonne était le plus furieux chef des persécuteurs. Il prêchait contre la sœur du roi et contre le roi lui-même. François Ier le fit condamner comme séditieux par le Parlement et enfermer au Mont-Saint-Michel.

LA CONJURATION D'AMBOISE

Ci-contre :
François II.

L'aîné des fils de Henri II, François, qui succéda à son père sous le nom de François II, avait à peine seize ans. Il se laissa dominer par le duc François de Guise et le cardinal de Lorraine, auxquels il abandonna le gouvernement.

L'événement important de son règne, qui ne dura qu'une année (1559-1560), fut la Conjuration d'Amboise.

La grande faveur dont jouissaient les Guises, qui soutenaient les catholiques, la persécution religieuse qui continuait avec acharnement, avaient poussé à bout la patience des protestants. Par dépit et par ambition, un prince du sang royal, Louis de Bourbon, prince de Condé, embrassa le calvinisme et devint le chef des protestants. A son instigation, un gentilhomme du Périgord, La Renaudie, entreprit de confédérer tous les mécontents.

LA CONJURATION D'AMBOISE

Ci-dessous :
Les conjurés
d'Amboise
sont exécutés le
25 mars 1560.

LA CONJURATION D'AMBOISE

CONDÉ (Louis Ier de Bourbon, prince de), né le 7 mai 1530, était le cinquième fils de Charles de Bourbon, duc de Vendôme.

Il servit d'abord comme volontaire à l'armée de Piémont, puis au siège de Metz (1552) et prit part aux batailles de Renty et de Saint-Quentin.

Ayant embrassé la Réforme, par esprit d'opposition et par ambition, il devint l'un des chefs du parti protestant. Impliqué dans la conjuration d'Amboise, il ne put être poursuivi faute de preuves ; mais, arrêté bientôt après à Orléans et condamné à mort, il ne fut sauvé de l'échafaud que par la mort de François II (1560).

Mis en liberté à l'avènement de Charles IX et nommé gouverneur de Picardie, il prit part aux guerres religieuses, s'empara d'Orléans, menaça Paris, puis fut battu et pris à Dreux (1562).

Délivré par la paix d'Amboise, il recommença la guerre en 1567, essaya d'enlever Charles IX au château de Monceaux, fut battu à Saint-Denis et signa la paix de Longjumeau (1568).

Attaqué l'année suivante par l'armée catholique à Jarnac, Condé fut fait prisonnier. Comme il se rendait, il fut tué par Montesquiou, capitaine des gardes du duc d'Anjou.

Le prince de Condé était l'oncle de Henri IV, il est le premier de sa famille qui se soit appelé *Monsieur le Prince* et avait été, en réalité, l'âme de la conjuration d'Amboise.

LA CONJURATION D'AMBOISE

Le complot avait pour but d'enlever le jeune roi
François II, alors au château d'Amboise, et de le
soustraire à l'influence des Guises, que l'on ferait
punir par la justice. Mais une trahison révéla tous
les moyens d'exécution et les lieux de réunion. La
plupart des conjurés furent arrêtés et envoyés à la
mort, sans aucune forme de jugement. On ne fit
que décapiter, pendre et noyer durant tout un
mois. Après le dîner, les Guises menaient le jeune
roi, ses frères et les dames de la cour aux fenêtres
du château pour leur faire voir les supplices
comme un passe-temps.

LE MASSACRE DE WASSY

François II avait favorisé les Guises ; Catherine de Médicis et De l'Hôpital favorisèrent les Bourbons afin de maintenir l'équilibre entre les catholiques et les protestants, entre les princes de sang d'un côté et les Guises et le connétable de l'autre. On fit aux protestants de larges concessions, une déclaration royale enjoignit la mise en liberté de tous les détenus pour cause de religion ; les cérémonies protestantes furent tolérées.

Une conférence sur la religion eut lieu à Poissy, le 9 septembre 1561, en vue d'arriver à une transaction. Elle est connue sous le nom de *colloque de Poissy*. Elle n'aboutit pas et eut au contraire pour résultat de séparer davantage les partis et d'augmenter l'audace des calvinistes.

Page de droite et ci-dessous : Le massacre de Wassy, le 1er mars 1562.

102

La guerre civile était déjà commencée. Le Midi, pays de tempérament violent, avait éclaté le premier. Dans une partie du Languedoc et dans la Provence, on massacrait les protestants. Dans une autre partie du Languedoc et dans les Pyrénées, on brisait les images, on brûlait les reliques et l'on changeait les églises en temples protestants. De leur côté, prêtres et moines excitaient sans cesse la foule par des prédications furieuses contre les hérétiques. Il suffit d'une étincelle pour tout embraser.

Le massacre de Wassy, ordonné par le duc François de Guise, fut le signal de la première guerre de religion (1562).

LA SAINT-BARTHÉLEMY

LE MASSACRE
DE LA SAINT-BARTHÉLEMY

Après la paix de Saint-Germain, les protestants avaient été attirés à la cour.

Coligny, que le roi avait rappelé auprès de lui, prit bientôt, par ses sages conseils sur l'esprit de Charles IX, une influence qui éveilla la jalousie de Catherine et des Guises. Ils tentèrent de le faire assassiner. – Le coup échoua et surexcita les passions dans Paris. Le roi indigné, avait voulu venger l'amiral ; mais sa mère, son frère le duc d'Anjou, Henri de Guise, tous ses conseillers intimes, impatients d'en finir avec les protestants, arrachèrent au roi, après force menaces et intimidations, son consentement au massacre.

Catherine, qui avait depuis longtemps préparé le guet-apens, avait réuni à Paris tous les chefs du parti huguenot à l'occasion des fêtes du mariage d'Henri de Navarre avec la sœur du roi, Marguerite, qui fut célébré le 18 août 1572.

Dans la nuit du 24 août, fête de la Saint-Barthélemy, la cloche de Saint-Germain-l'Auxerrois se met soudain à sonner ; les cloches des autres églises lui répondent. A ce signal, des bandes armées se répandent dans les rues. Le duc de Guise marche avec ses gens droit au logis de Coligny, qui est surpris dans sa chambre et roué de coups. La noblesse protestante que le roi avait logée au Louvre est égorgée dans le même moment. Henri de Navarre ne se sauve qu'en abjurant précipitamment le calvinisme.

Pendant ce temps, le massacre s'étendait dans toute la ville. Hommes, femmes, petits enfants sont mis à mort sans merci. Les malheureux, surpris pendant leur sommeil, s'enfuient à demi vêtus à travers les rues ; on les poursuit à la lueur des torches. Nuit sinistre, où le fracas des portes et

LA SAINT-BARTHÉLEMY

*La Saint-
Barthélemy.*

LA SAINT-BARTHÉLEMY

des fenêtres brisées, les cris des victimes se mêlent aux vociférations des meurtriers, aux détonations des arquebuses et des pistolets, au son lugubre du tocsin.

On tua le premier jour près de deux mille personnes ; on en tua encore le lendemain et le surlendemain. Le massacre gagna la province et, localité par localité, dura jusqu'au commencement d'octobre. Le nombre total des victimes monta probablement à vingt mille.

Ci-contre :
Charles IX,
vers 1567,
peint par
François Clouet.

Ci-dessous :
Les massacres du
24 août 1572.

LE RÔLE DE CATHERINE DE MÉDICI

CATHERINE DE MÉDICIS

Catherine de Médicis, née en 1519 à Florence, avait épousé, en 1533, Henri, deuxième fils de François Ier, qui fut roi en 1547.

Sous le règne de son fils François II, elle avait été tenue à l'écart par les Guises, qui furent les maîtres du gouvernement. Froide, rusée, concentrée, maîtresse d'elle-même, elle ajourna son ambition et accepta la part qu'on voulut bien lui faire ; mais, à l'avènement de Charles IX, elle prit résolument la régence. Ayant surtout en vue de conserver l'autorité royale et de l'exercer au nom de ses enfants, elle s'attacha à maintenir une sorte d'équilibre entre les partis et à se débarrasser des chefs dont la puissance pouvait devenir un danger pour son autorité. Elle n'avait la foi ni des catholiques ni des protestants et ne croyait qu'aux astrologues et aux sorciers ; mais elle vit d'abord dans la tolérance un moyen de contenir les partis et de conserver le pouvoir. Elle choisit pour chancelier Michel de l'Hôpital, non par amour du bien public, mais afin d'échapper à la domination des chefs catholiques sans tomber sous celle des chefs protestants. Excellant dans les intrigues politiques, dissimulée jusqu'à la perfidie, peu scrupuleuse sur les moyens, ne reculant pas même devant le crime, elle fut pour ses fils une conseillère funeste, car elle leur fit commettre des crimes.

Elle mourut le 5 janvier 1589.

Ci-contre :
Catherine de
Médicis *peint par*
François Clouet.

MICHEL DE L'HÔPITAL

Michel de l'Hôpital, né en 1504, fut d'abord conseiller au Parlement de Paris. Il alla vivre quelque temps à la cour de Nérac, où Marguerite de Valois, reine de Navarre, le nomma président de son conseil et chancelier de Berry. Sous Henri II, il devint surintendant des Finances et président de la Chambre des Comptes (1554). En 1560, Catherine de Médicis lui conféra la charge de chancelier.

Partisan de la tolérance religieuse, l'Hôpital essaya de réconcilier les catholiques et les protestants, s'efforçant par tous les moyens d'empêcher la guerre civile et de sauver la royauté ; mais ses efforts devaient échouer devant les passions de cette époque perverse. Catherine de Médicis, dont la politique était toute d'intrigue et de perfidie, eut du moins l'honneur de conserver pendant plusieurs années comme principal ministre cet homme qui est demeuré le type le plus parfait de la vertu.

L'Hôpital autorisa l'exercice du culte protestant en dehors des villes et admit les réformés à toutes les fonctions. Il créa à Paris le premier tribunal de commerce et rendit plusieurs ordonnances utiles, notamment la célèbre ordonnance de Moulins, qui réformait les abus les plus criants, améliorait le droit et demeura une des bases de la législation française jusqu'en 1789.

Il mourut en 1573.

LE RÔLE DE CATHERINE DE MÉDICIS ET DE MICHEL DE L'HÔPITAL

Ci-contre :
Le massacre
de la Saint-
Barthélemy.

LA LIGUE À PARIS

Le duc de Guise, tant qu'il vécut, fut le maître de la Ligue. Après qu'il eut été assassiné, la direction passa au comité de la Ligue parisienne. Le comité était composé des représentants élus des seize quartiers de la ville, d'où son nom de Conseil des Seize. Le Conseil des Seize s'organisa en gouvernement révolutionnaire ; il prononça la déchéance de Henri III « *parjure, assassin, meurtrier, sacrilège, fauteur d'hérésie, simoniaque, magicien, dissipateur de trésor public, ennemi de la patrie,* » et nomma, sous le nom de lieutenant général, un véritable régent du royaume, le duc de Mayenne, frère de Guise. Le comité parisien donna à la Ligue un caractère nouveau. Jusqu'alors elle avait été surtout une association de nobles et de riches bourgeois : elle fut à Paris une association démocratique. Ce furent les gens du peuple, fanatisés par les prédications des moines et de quelques curés, qui voulurent la lutte

*Ci-dessous :
Une procession
de la Ligue.*

112

à mort contre Henri III et plus tard contre Henri IV. Ce furent eux qui empêchèrent toutes négociations avec Henri IV lorsque celui-ci assiégeait Paris. Les femmes elles-mêmes s'en mêlaient et protestaient que *« plutôt de se rendre par famine elles voudraient manger tous leurs enfants »*. On avait un mois de vivres, on résista quatre mois, au milieu des pires souffrances. Sur deux cent mille habitants, treize mille moururent de faim pendant le siège, trente mille moururent des suites des misères endurées.

Ce furent aussi les Seize qui réclamèrent une garnison espagnole dans Paris, et qui acceptèrent même un moment l'idée de proclamer Philippe II protecteur du royaume de France. Leurs violences détachèrent d'eux la majorité des Ligueurs chez qui le sentiment patriotique était aussi fort que le sentiment religieux. L'abjuration de Henri IV acheva la ruine des Seize et de la Ligue.

HENRI IV

Avant de mourir, Henri III reconnut Henri de Bourbon, roi de Navarre, pour son légitime héritier. Celui-ci prit le nom de *Henri IV*.

Le nouveau roi avait à conquérir la plus grande partie de son royaume. Or, il fut immédiatement abandonné par une partie des seigneurs catholiques, qui préféraient « *mourir de mille morts plutôt que de souffrir un roi huguenot* ». Il fut abandonné également par une partie des Calvinistes parce qu'il avait solennellement déclaré vouloir maintenir et conserver la religion catholique, et confier à des catholiques le gouvernement des villes qu'il prendrait.

Henri IV.

Son armée était réduite de moitié ; il dut lever le siège de Paris. Mais, au lieu de se retirer vers le sud où se trouvaient les principales forces des Calvinistes, il voulut rester dans la région de la Seine à portée de Paris. Toutes ses opérations, pendant près de quatre ans, eurent pour objet de s'emparer de cette ville dont la possession lui paraissait essentielle, parce qu'elle était la capitale du royaume et la citadelle principale de ses adversaires. Poursuivi par le duc de Mayenne en Normandie, il le battit à Arques (1589) et tenta aussitôt sur Paris un coup de main qui échoua.

Ci-dessus :
Jeanne d'Albret,
mère d'Henri IV.

A droite :
1594 : Entrée
d'Henri IV dans
Paris.

HENRI IV

L'année suivante, après la brillante victoire d'Ivry, près d'Evreux, il put venir assiéger Paris. Mais les habitants tinrent quatre mois et une armée espagnole eut ainsi le temps de venir les délivrer.

Les événements traînèrent ensuite jusqu'à 1593. A cette date, Mayenne et les Ligueurs convoquèrent les Etats Généraux à Paris pour élire un roi. Le roi d'Espagne, Philippe II, qui avait réussi à faire entrer une garnison espagnole dans Paris, essaya de faire proclamer reine de France, sa fille Isabelle, petite-fille de Henri II par sa mère.

Mais le sentiment national se réveilla chez une partie des Ligueurs à la pensée que la France pourrait passer par le mariage d'Isabelle sous la domination d'un prince étranger. Les Etats remirent à plus tard l'élection d'un roi.

Au même moment Henri IV abjurait solennellement entre les mains de l'archevêque de Bourges dans la basilique de Saint-Denis (23 juillet 1593). L'abjuration de Henri IV ruina toutes les espérances de Philippe II et amena la désorganisation de la Ligue. Une grande partie du royaume reconnut le roi converti, et Henri IV acheta la soumission du reste. Il lui en coûta plus de vingt millions de livres, environ soixante millions de francs.

Le gouverneur de Paris, moyennant le titre de maréchal et deux cent mille écus, environ dix-huit cent mille francs, lui livra la ville (22 mars 1594).

Ci-contre :
Henri IV.

LES ARTS DE LA RENAISSANCE

LE CHÂTEAU DE CHAMBORD

Le grand mouvement de constructions, commencé sous Charles VIII et Louis XII, continua sous François Iᵉʳ et Henri II.

A la première partie du règne de François Iᵉʳ appartiennent une aile du château de Blois, le château de Saint-Germain et un autre monument bien plus considérable et plus magnifique, le château de Chambord, bâti au fond des bois de la Sologne, à quelques kilomètres de la Loire. François Iᵉʳ voulut en faire un vrai palais de fées.

L'architecture de Chambord n'a aucun des caractères de l'architecture italienne du XVIᵉ siècle ; c'est une œuvre toute française et très différente également de nos vieux châteaux du Moyen Âge. L'auteur de cet édifice, qui atteste une imagination si riche et si hardie, était un architecte de Blois, Pierre Nepveu.

Ci-dessous à gauche : Le château de Chambord.

*Ci-dessous :
Le château
de Chenonceau
construit entre
1515 et 1580
sur le Cher.*

L'ensemble des constructions forme un immense rectangle, flanqué de quatre tours ayant chacune vingt mètres de diamètre. Le donjon, qui comprenait l'habitation royale, occupe le milieu de la face septentrionale ; il se compose d'un énorme pavillon carré, divisé à la hauteur de l'étage des combles en quatre pavillons d'angle séparés par une terrasse en pierre formant la croix et flanqués aux angles extérieurs par quatre grosses tours.

Au centre de la croix se trouve un grand escalier à vis, à double révolution, permettant à deux personnes de monter et descendre en même temps sans se rencontrer. Cet escalier, véritable chef-d'œuvre, se termine par un élégant campanile à jour et une lanterne qui sert d'observatoire.

Dans les quatre tours et les pavillons d'angle sont des appartements ayant chacun sa salle de parade, sa chambre, ses retraits, garde-robes privés et escalier particulier. La chapelle est placée dans une des tours, au premier étage.

Partout l'ornementation représente des F avec la salamandre entourée de flammes. Les cariatides reproduisent les traits de la duchesse d'Etampes et de la comtesse de Châteaubriand et rappellent les premiers hôtes de Chambord. Pourtant édifié pour lui, François Ier n'y habita jamais.

LES ARTS DE LA RENAISSANCE

A gauche :
Anne Stuart
par Corneille
de Lyon.

L'introduction de la Renaissance en France est due essentiellement à l'engouement des princes pour les réalisations artistiques qu'ils découvrent lors de leurs expéditions en Italie. En 1494, Charles VIII revient de la campagne de Naples avec « vingt-deux gens de métier », dont le sculpteur Guido Mazzoni, les architectes Fra Giocondo et Dominique Cortone. Avec Louis XII, ce mouvement s'amplifie lors de la conquête du Milanais. Dès son avènement, François Ier poursuit le même rêve et parvient même à attirer Léonard de Vinci à Amboise. Pourtant le style « à l'antique », adopté par les Français, qui caractérise cette première Renaissance, jusque vers 1540, reste sans rapport avec l'art de la Renaissance italienne. Dans les années suivantes, l'art évolue vers un classicisme plus pur et voit naître une génération d'artistes français.

Au début du XVIe siècle, des peintres comme Jean Perréal et Jean Bourdichon laissent des œuvres intéressantes. Le premier réalise de très beaux dessins à trois couleurs, sanguine, pierre noire et craie, et des portraits d'un minutieux réalisme, comme celui de *Louis VII*. Le second, peintre de cour à partir de 1484, exécute des miniatures où se révèle une grande sensibilité, telles les *Heures d'Anne de Bretagne*.

A droite :
Pierre Aymerie
*par Corneille
de Lyon.*

LES ARTS DE LA RENAISSANCE

Ci-dessus :
Portrait
de Jean Fouquet.
*Dessin de
Chevignard,
d'après une
miniature
de ce maître.*

A gauche :
Juvénal des
Ursins, *vers 1461,
par Jean Fouquet.*

A droite :
Marguerite de
France, enfant,
*par François
Clouet. Musée
Condé, Chantilly.*

LES ARTS DE LA RENAISSANCE

LÉONARD DE VINCI (1452-1519)

Après la paix de Constantinople par les Turcs, beaucoup de savants grecs s'étaient réfugiés en Italie et y avaient propagé le goût et l'étude de la littérature de leurs ancêtres ; les études grecques s'étaient répandues d'Italie en France. L'esprit humain, qui avait été comme étouffé par les invasions des Barbares, se ranima dès le XIIᵉ et le XIIIᵉ siècle.

On appela ce grand mouvement des esprits la *Renaissance*, comme pour dire que c'était la civilisation des Grecs qui renaissait.

La Renaissance, qui a pénétré en France sous Louis XII, illustra les règnes de François Iᵉʳ et de Henri II. François Iᵉʳ avait une sympathie aussi vive pour les arts que pour les lettres. Il avait ramené avec lui d'Italie le grand Léonard de Vinci, un homme universel.

Né près de Florence, Vinci a commencé à apprendre la peinture à quatorze ans. Il n'a laissé que sept tableaux dont la Joconde, célèbre pour son sourire étrange. Son génie se manifeste dans tous les domaines : anatomiste et chirurgien, il sait disséquer le corps humain. Ingénieur, il construit la première machine volante, perfectionne le métier à tisser, imagine le sous-marin et l'hélicoptère. Appelé en France par François Iᵉʳ, il s'est installé à Amboise où il meurt.

1443

L'Hôtel-Dieu est entrepris à Beaune ainsi que l'hôtel Jacques-Cœur à Bourges.

Vers 1480

Essor de la peinture en émail à Limoges.

1485-1510

Construction à Paris de l'hôtel de Cluny.

1495

Construction du château d'Amboise.

1519

Construction du château de Chambord.

1520

François Ier fonde la Bibliothèque Royale à Paris, qui devient à la Révolution la Bibliothèque nationale.

1531

Création de l'école de Fontainebleau sous l'impulsion de Rosso et de Primatice.

1541

Le style classique français prend forme avec la construction du Louvre par Pierre Lescot.

1559

Jean Clouet met en vogue le portrait grandeur nature : *Portrait d'Henri II*. Fondation de l'académie de Genève.

1564

Philibert Delorme entreprend la construction du château des Tuileries.

1581

Le Ballet comique de la Reine, ballet de cour présenté devant Henri III.

1450

Mystère de la Passion rédigé par Arnoul Gréban.

Vers 1453

Enguerrand Quarton peint le *Couronnement de la Vierge*.

1455-1463

François Villon écrit le *Petit Testament*, le *Grand Testament* et la *Ballade des pendus*.

1530

Institution du Collège de France sous l'instigation de François Ier.

1532

Publication à Lyon des aventures de *Pantagruel* et de *La Vie inestimable du grand Gargantua* de Rabelais.

1539

Ordonnance de Villers-Cotterêt, signée par François Ier, stipulant que tous les documents officiels doivent être désormais rédigés en français.

1540

Etienne Dolet rédige *Les Manières de bien traduire*.

LITTÉRATURE

1546

Rabelais écrit le *Tiers Livre des faits et dits héroïques de Pantagruel*.

1547

Marguerite de Navarre, sœur de François Iᵉʳ, rédige *L'Heptaméron*.

1548

Le Quart Livre, de Rabelais.

1549

Défense et illustration de la langue française, de Joachim du Bellay.

1555

Les Soupirs, de Louise Labbé.

1556

Formation de la Pléïade avec les poètes Ronsard, Marot et Du Bellay.

1574

Les Sonnets à Hélène, de Ronsard.

1577

Les Tragiques, de Agrippa d'Aubigné.

1579

Montaigne (Michel de) (1533-1592); première édition des *Essais*.

1309

Premier portulan (carte de navigation).

1340

Buridan : loi de l'inertie.

1425

Début de l'imprimerie en Europe.

1450

Nicolas de Cuse postule le mouvement de la Terre.

1473

Nicolas Copernic propose la théorie de la rotation (24h) de la Terre qui ne serait plus le centre de l'univers.

1500

Paracelse découvre l'hydrogène.

1517

Première introduction du café en Europe.

1521

Introduction de l'industrie de la soie en France.

1526

Paracelse prescrit des médicaments comprenant antimoine, cuivre, fer, etc.

1530

Utilisation générale du balancier inventé par L. de Vinci, pour dévider et filer la soie.

1539-1595

Publication de l'atlas de Mercator, en projection planisphérique.

1563

Ambroise Paré (1509-1590) : *Cinq livres de Chirurgie,* développement de la chirurgie française. Bernard Palissy (1510-1589), commence à réaliser ses assiettes et poteries ornementales.

1590

François Viète : fractions décimales, algèbre littérale.

1593

Invention du thermomètre par Galilée. Premiers jardins botaniques français créés par l'université de Montpellier.

1603

Galilée : lois de la chute des corps.

1384

Philippe le Hardi succède au Comte Louis de Maele. Début de l'Etat bourguignon.

1404

Mort de Philippe le Hardi, duc de Bourgogne. Succession de Jean sans Peur. Le duc d'Orléans se retrouve seul.

1419

Assassinat de Jean sans Peur, Philippe le Bon lui succède.

1420

Traité de Troyes, que le duc de Bourgogne Philippe le Bon et la reine Isabeau font signer à Charles VI.

Le Dauphin est déshérité au profit du roi d'Angleterre, Henri V, qui est déclaré régent et héritier de la couronne de France, à la condition d'épouser Catherine, fille de Charles VI.

1422

Après le traité de Troyes, le Dauphin, fils héritier du roi, réussit à s'enfuir. Les seigneurs du nord de la France lui restent fidèles et le proclament roi sous le nom de Charles VII, appelé « gentil Dauphin » ou « petit roi de Bourges » par ses adversaires. C'est lui que Jeanne d'Arc fait sacrer à Reims.

1422

Mort de Charles VI et de Henri V. Avènement de Charles VII qui s'installe à Bourges.

1428

Prise d'Orléans.

1429

Conduit par Jeanne d'Arc, Charles VII est sacré roi à Reims.

1429

Philippe le Bon fonde à Bruges, le fameux ordre de la Toison d'or.

1435

Traité d'Arras, entre Charles VII et le duc de Bourgogne, qui se sépare des Anglais et s'attache désormais à la cause du roi.

Charles déclare que Jean sans Peur a été injustement mis à mort, et il cède à Philippe le Bon l'Auxerrois, le Mâconnais, le Ponthieu et toutes les places de la Somme.

1437

Charles VII fait son entrée triomphante dans Paris.

1438

Pragmatique sanction de Bourges.

1440

Révolte de la *Praguerie*, conduite par le dauphin, futur Louis XI.

1444

Trève signée avec les Anglais à Tours.

1445-1448

Institution des Compagnies de la grande ordonnance (cavalerie). Création d'une milice des francs archers.

1465

Guerre du Bien public entre le roi et les princes ligués autour de Charles le Téméraire, de Charles frère du roi et du duc de Bourbon.

1467

Mort de Philippe le Bon. Avènement de Charles le Téméraire, grand duc d'Occident.

1468

Entrevue et traité de Péronne avec Charles le Téméraire.

1470

L'assemblée des notables à Tours annule le traité de Péronne.

1475

Traité de Picquigny entre l'Angleterre et la France.

1476

Batailles de Granson et de Morat, gagnées par les Suisses contre Charles le Téméraire.

1477

A la mort de son père, Marie de Bourgogne, devient la plus riche héritière d'Europe. Elle épouse Maximilien, futur empereur d'Autriche.

1482

Traité d'Arras.
Louis XI obtient la Bourgogne, le comté de Boulogne et les villes de la Somme. Il abandonne les Pays-Bas et la Flandre à Maximilien. L'Artois et la Franche-Comté sont promises pour la dot de Marguerite, fille de Marie, si elle épouse le Dauphin.

1482

Mort de Marie de Bourgogne lors d'un accident de cheval. La Bourgogne passe sous la tutelle des Habsbourg.

1483

Avènement de Charles VIII, âgé de treize ans. Régence de sa sœur, Anne de Beaujeu.

1484

Anne de Bretagne convoque les états généraux.

1488

Bataille de Saint-Aubin-du-Cormier.
La Trémouille fait prisonnier le duc d'Orléans, depuis Louis XII, qui avait excité les seigneurs à la révolte, et met fin à la *guerre folle* entreprise par les seigneurs contre la régente.

1491

Charles VIII épouse Anne de Bretagne.

1492

Christophe Colomb découvre l'Amérique.

1493

Colomb découvre la Dominique et la Guadeloupe.

1494

Charles VIII fait connaître ses prétentions sur le royaume de Naples.

1495

Charles VIII entre à Naples.

1495

Bataille de Fornoue, gagnée par Charles VIII sur l'armée des confédérés.

Tandis que Charles VIII rentrait en France, Gonzalve de Cordoue, surnommé le *grand capitaine*, faisait capituler les troupes qui gardaient le royaume de Naples, et la domination française disparaissait aussi vite qu'elle s'était établie.

1497

Vasco de Gama est le premier à trouver la route des Indes par la mer.

1498

Mort de Charles VIII. Avènement de Louis XII.

1500

Conquête du Milanais.

Le duc de Milan, Ludovic Sforza, ou Louis le More, trahi par les Suisses qu'il avait à sa solde, fut livré à la Trémouille, qui l'envoya prisonnier en France, au château de Loches, où il mourut après une captivité de deux années.

1501-1503

Conquête et perte du royaume de Naples.

Louis XII s'unit à Ferdinand le Catholique pour s'emparer du royaume de Naples ; mais, après la victoire, les Espagnols, conduits par Gonzalve de Cordoue, tournèrent leurs armes contre les Français, et les chassèrent du midi de l'Italie, après les avoir battus à *Séminara*, à *Cerignola* et sur les bords du *Garigliano*.

1503

Amerigo Vespucci émet l'idée que les terres découvertes par Colomb pourraient ne pas être les Indes mais un nouveau continent.

1505

Traité de Blois.

Louis XII consent à marier sa fille Claude avec Charles de Luxembourg, depuis Charles Quint, et à donner pour dot à la princesse la Bretagne, la Bourgogne et le Milanais.

1506

Rupture du traité de Blois.

1507

Le nouveau continent est baptisé Amérique par le géographe Waldeemüller en l'honneur de Vespucci.

1508

La ligue de Cambrai fut formée contre Venise par Louis XII, Maximilien d'Autriche, Ferdinand le Catholique et le pape Jules II, qui tous avaient à se plaindre des empiétements de cette république.

1509

Bataille d'Agnadel, gagnée par Louis XII sur les Vénitiens.

1511

La sainte ligue fut formée contre la France par le pape Jules II, Maximilien d'Autriche, Henri VIII, roi d'Angleterre, Ferdinand le Catholique, les Vénitiens et les Suisses.

Le pape Jules II, désarmé par les Vénitiens, qui lui avaient rendu les villes de la Romagne, se mit à la tête d'une nouvelle ligue pour délivrer l'Italie des *Barbares*, c'est-à-dire des étrangers, et surtout des Français.

1512

Batailles de Brescia, de Bologne et de Ravenne, gagnées par Gaston de Foix, neveu de Louis XII.

1513

Bataille de Novare, gagnée par les Suisses, qui chassent les Français de l'Italie. Bataille de Guinegate, gagnée par Henri VIII, roi d'Angleterre.

1515

Mort de Louis XII, père du peuple. Avènement de François Ier, le père des Lettres.

Louis XII étant mort sans postérité, François, comte d'Angoulême, lui succéda sous le nom de François Ier. Il était gendre de Louis XII et fils de Louise de Savoie et de Charles d'Angoulême; il descendait du duc d'Orléans, assassiné par Jean sans Peur en 1407.

1515

Bataille de Marignan, gagnée par François Ier sur les Suisses.

François Ier songe d'abord à reconquérir le Milanais ; il traverse les Alpes au col de l'Argentière, et livre aux Suisses un combat de géants. Fier de sa victoire, il veut être armé chevalier par Bayard sur le champ de bataille.

1516

Fin des guerres d'Italie.

1519

Charles d'Espagne succède à Maximilien Ier sous le nom de Charles Quint.

1520

Camp du Drap d'Or. Entrevue de Gravelines entre Henri VIII et Charles Quint. Traité secret de Calais : alliance de l'Angleterre et de l'Empire dirigée contre la France. Charles Quint est couronné empereur à Aix-la-Chapelle.

1520

Magellan passe le détroit qui porte son nom et découvre l'océan qu'il nomme Pacifique.

1521

Fernand Cortez débarque à Veracruz, entreprend une exploration sanglante en Amérique centrale.

1521-1526

Première guerre contre Charles Quint. Les Impériaux assiègent Mézières, et sont repoussés par Bayard.

1523

Défection du connétable Charles de Bourbon.

Le connétable de Bourbon, irrité d'un jugement inique qui le dépouillait d'une partie de ses domaines, conspire avec l'Empereur et le roi d'Angleterre pour démembrer la France, à la condition qu'une partie lui en serait assurée avec le titre de roi.

1524

Mort de Bayard.
Invasion de la Provence par Bourbon.

1525

Bataille de Pavie, gagnée par les Impériaux sur François Ier.

François Ier fut fait prisonnier et conduit à Madrid. Le soir de la bataille, il écrivit à sa mère une lettre qu'on a résumée par ces mots : « Madame, tout est perdu, fors l'honneur. »

1525

Francisco Pizarro embarque à Panama, explore la Côte Sud de l'Amérique et débarque en Equateur.

1526

Traité de Madrid, qui rend la liberté à François Ier.

François Ier cède la Bourgogne, renonce à ses prétentions sur l'Italie, promet d'épouser Eléonore, sœur de l'Empereur, de rétablir Bourbon dans ses domaines, et laisse ses deux fils en otage.

1527-1529

Deuxième guerre contre Charles Quint.

1527

Prise et sac de Rome par les troupes de Bourbon.

1529

Traité de Cambrai, appelé paix des dames, parce qu'il fut négocié par la tante de Charles Quint et la mère de François Ier.

François Ier garde la Bourgogne, paye pour la rançon de ses fils deux millions d'écus d'or (environ quarante millions) et exécute toutes les autres conditions du traité de Madrid.

1532

Jean Calvin commence son mouvement de Réforme à Paris.

1533

Fin de
l'Empire Inca après la prise de Cuzco par Pizarro.

1534

Affaire des placards à Amboise. Les réformés qui dénoncent la messe catholique, sont persécutés.
Luther termine la traduction de la Bible. Calvin : *Institution de la religion chrétienne*, sera publié en français en 1541 et constituera le premier traité réformateur en français.

1534

Premier voyage de Jacques Cartier, navigateur français, au Golfe du St-Laurent.

1536-1538

Troisième guerre contre Charles Quint.

1538

Trêve de Nice, conclue pour dix ans.
Charles Quint obtient l'autorisation de traverser la France pour se rendre en Flandre, après avoir promis de donner le Milanais au second fils de François Ier.

1540

L'édit de Fontainebleau accentue la répression contre les hérésies.

1542-1544

Quatrième guerre contre Charles Quint.
La quatrième guerre eut pour cause le meurtre de deux agents français et le refus que fit Charles Quint de donner le Milanais au second fils de François Ier.

1544

Bataille de Cerisoles, gagnée par le duc d'Enghien. Traité de Crespy.
François Ier s'engage à rendre au duc de Savoie ses places fortes, et Charles Quint à donner le Milanais au duc d'Orléans. Aucune de ces promesses ne fut tenue, et cependant la paix se maintint pendant quelques années.

1547

Mort de François Ier. Avènement de Henri II.

1552

Conquête des Trois-Evêchés : Metz, Toul et Verdun.

1553

Siège de Metz, soutenu par François de Guise contre Charles Quint.

1556

Avènement de Philippe II. Charles Quint renonce au pouvoir et va s'enfermer au monastère de Saint-Just, où il meurt deux ans après.

1557

Bataille de Saint-Quentin, gagnée par les Anglais et les Espagnols sur le connétable de Montmorency, qui est fait prisonnier.

1558

Mort de Charles Quint. Elisabeth 1re devient reine d'Angleterre. Reprise de Calais par François, duc de Guise.

1559

Traité de Cateau-Cambrésis, qui termine la première rivalité de la France contre l'Autriche.

1560

Conjuration d'Amboise.

Les calvinistes se proposent d'enlever le roi sous prétexte de le soustraire à l'influence des Guises. Le complot, qui avait pour chef réel, mais secret, le prince de Condé, et pour chef apparent la Renaudie, gentilhomme du Périgord, fut découvert et sévèrement réprimé.

1562

Rixe de Wassy, entre les protestants et les gens du duc de Guise.

La rixe de Wassy fut le signal de la guerre civile, qui pendant trente-six ans, couvrit la France de sang et de ruines.

1562

Bataille de Dreux, gagnée par les catholiques.

Les chefs des deux armées furent faits prisonniers : Montmorency par les protestants, et Condé par les catholiques ; François de Guise, qui commandait en second sous Montmorency, remporta la victoire.

1563

Siège d'Orléans, par François de Guise.

1567

Bataille de Saint-Denis, gagnée par les catholiques.

1569

Bataille de Jarnac, gagnée par les catholiques.

Le prince de Condé, couvert de blessures, fut assassiné par un capitaine des gardes du duc d'Anjou.

1569

Bataille de la Roche-Abeille, gagnée par les protestants. Bataille de Moncontour, gagnée par les catholiques.

1570

Essai de réconciliation : paix de Saint-Germain, dite « paix de la Reine ».

1572

Mariage de la sœur du roi, Marguerite de Valois, avec son cousin, le protestant Henri de Navarre.

1572

Massacre des protestants, le 24 août, jour de la Saint-Barthélemy.

1587

Bataille de Coutras, gagnée par les protestants, que commandait Henri de Béarn, roi de Navarre.

1588

Journée des Barricades. Assemblée des états généraux de Blois. Mort du duc de Guise.

1590

Bataille d'Ivry, gagnée sur le duc de Mayenne.

1598

Edit de Nantes, qui met un terme aux guerres de religion.

L'édit de Nantes accorde aux protestants le libre exercice de leur religion et les déclare admissibles aux emplois et charges de l'Etat.

Compogravure : Perrissin-Fabert, Annecy
Impression, brochage : P.P.O., Pantin